神的朋友亚伯拉罕

神的朋友亚伯拉罕

李载禄牧师圣经人物解析系列一

"可见信心是与他的行为并行，
而且信心因着行为才得成全。
这就应验经上所说：'亚伯拉罕信神，这就算为他的义。'
他又得称为神的朋友。"

雅各书2章22-23节

笔者序

解读神的朋友亚伯拉罕

要想明白圣经，建立信心，先要了解创世记这篇圣经最基础的一卷。创世记可谓整本圣经的绪论，包含着人类救赎史。

笔者自教会开拓之初起，为了获得神对创世记的启解，常常禁食、祷告，不停寻求仰赖。历时数年，神使笔者在圣灵的感动中领受创世记所包含的无穷灵界之奥秘并在讲台上宣讲。信息透过电视、互联网等传媒平台广为传播，在世界各国引起热烈反响，而此次专以选取其中关于亚伯拉罕的信息编撰成书。

亚伯拉罕通过献以撒为燔祭的试验，得称为神的朋友，被誉为信心之父的生命历程，如同一场电影，鲜活地向读者展现，令人兴趣盎然，回味无穷。但亚伯拉罕拥有得神喜悦的信心，并非一朝一夕而成的。

"可见信心是与他的行为并行，而且信心因着行为才得成全。这就应验经上所说：'亚伯拉罕信神，这就算为他的义。'他又得称为神的朋友。"（雅各书2章22-23节）

当神吩咐说"你要离开本地、本族、父家，往我所要指示你的地去"时，亚伯拉罕即刻遵命前往。他之所以能够作出这样即刻的顺从，是因为他身为闪的后裔，自幼从祖辈口中了解他的神。不过，在躲避饥荒从迦南地迁至埃及时，出于安全考虑，他居然把妻子说成是自己的妹子。

妻子既被埃及法老夺去，亚伯拉罕才为自己未能依靠神而作出彻底的懊悔。通过这场遭遇，亚伯拉罕得以拥有专靠神的信心，得与神更加亲近。

起初，亚伯拉罕的信心尚未完全。但经过熬炼，信心越发坚固，甚至能够相信并靠赖神叫死人复活的大能。凭着这一信心，他得以完满胜过献独子以撒为燔祭的试验。他素来在与神深层祷告的交通中，听到神的声音，参悟神的心意，得以全然信从那叫死人复活的神。

耶稣说："人为朋友舍命，人的爱心没有比这个大的。你们若遵行我所吩咐的，就是我的朋友了。"（约翰福音15章13-14节）

知心的密友之间，不惜付出自己的一切，甚至甘心为之舍命。亚伯拉罕之所以能够将比自己的生命还要宝贵的独生爱子献上，是因为爱神至深的缘故。亚伯拉罕的信与爱，得万有的主宰、全能者的肯定，并蒙赐"神的朋友"的殊荣，这是何等大的福分！亚伯拉罕在世得享人所能得享的最大程度的尊荣美福。

亚伯拉罕生平活出完全的信与爱，得神的喜悦，得称为神的朋友、信心之父、万福之源，他的生平行迹，为生活在末时的我们带来丰富的教益。

我们生活在这爱心冷淡，真信难寻的末时。然而爱神的人不拘任何环境，专心遵从神旨，活出真理圣道。

本书透过亚伯拉罕的生平行迹，清楚显明爱神的实意，信从的真谛，乃至由此而来的福分。爱神的人，遵行神道，属灵信心日益长进，便能在世作光作盐，荣神益人，常常体验神丰盛的慈爱与祝福。

切望各位读者，尽力效法神的朋友亚伯拉罕的信心，在地满得神的赐福，灵魂兴盛，凡事兴盛，身体健壮，在天永享像日头一样发光的地位尊荣。

将一切感谢与荣耀归于自始至终对本书成书给予细致周全引导的慈爱父神。同时向为本书的出版付出辛劳的编辑局长宾锦善以及乌陵出版社诸位同工深表谢意。

2015年10月，于客西马尼祷告处

李载禄 牧师

· 人物索引 ·

《神的朋友亚伯拉罕》中的主要人物

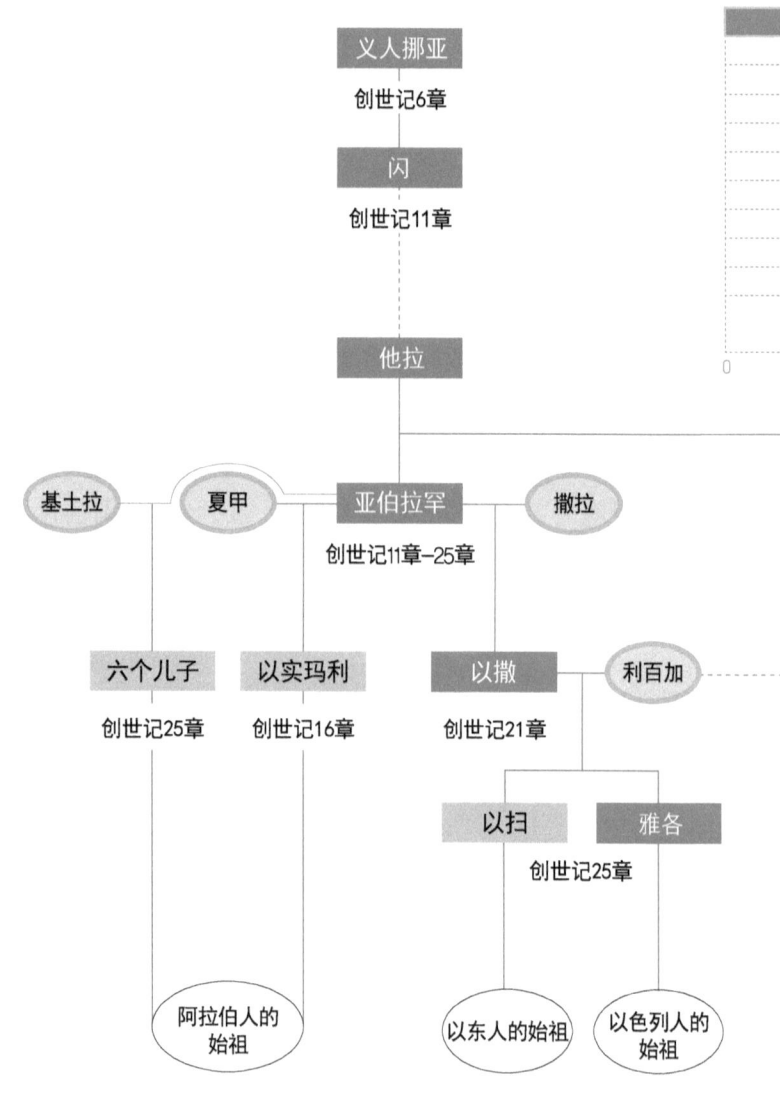

从挪亚的寿数查考亚伯拉罕的正统世系
950岁
1200岁
挪亚950岁
闪600岁
亚法撒438岁
沙拉433岁
希伯464岁
法勒239岁
拉吴239岁
西鹿230岁
拿鹤148岁
他拉205岁
亚伯拉罕
175岁
300
400
500
600
700
800
900
1000
1100
1200

拿鹤
密迦
哈兰
创世记11章
创世记11章
彼土利
亦迦
密迦
罗得
创世记13章
拉班
利白加
创世记24章
长女
次女
创世记19章
摩押
便亚米
正统世系
非正统世系
摩押人的始祖
亚扪人的始祖

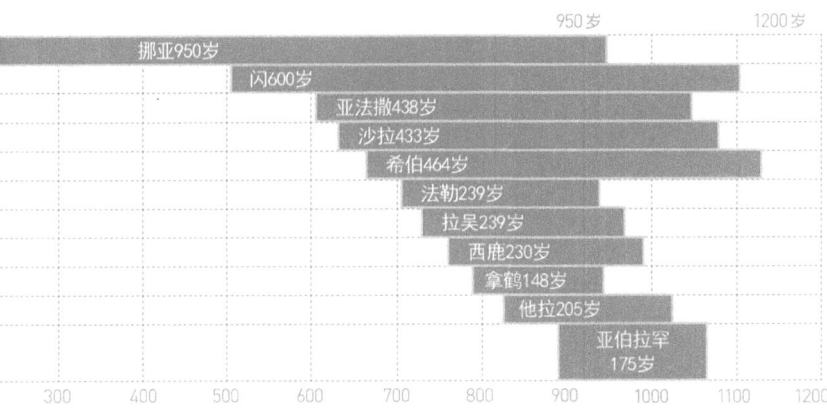

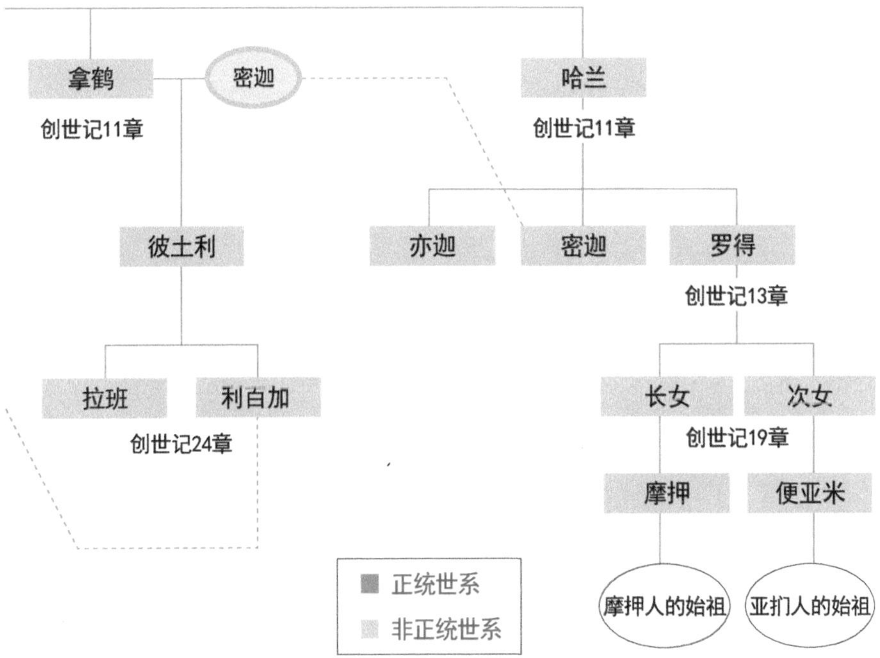

目录

笔者序・VII
章节索引・X

第一部
信靠与顺从

第一章 神的呼召与信心的试炼・3

1. 神的呼召与赐福的约言（12章1-3节）
2. 凭信顺从得进迦南地（12章4-6节）
3. 我要把这地赐给你的后裔（12章7-9节）
4. 在埃及经历妻子被人取去的熬炼（12章10-15节）
5. 痛悔坦承通过信心的试炼（12章16-20节）

第二章 专心信靠神的亚伯拉罕・17

1. 从埃及归回迦南地（13章1-4节）
2. 追求和睦将选择权让与侄儿罗得（13章5-9节）
3. 随从私欲定居所多玛的罗得（13章10-13节）
4. 神的祝福中迁至希伯仑（13章14-18节）

　# 拓展分享一　心器的大小

第三章 营救罗得以及麦基洗德的祝福 · 31

1. 迦南地联军之战（14章1-12节）
2. 营救罗得和所多玛、蛾摩拉众民（14章13-16节）
3. 遇见麦基洗德奉献十分之一（14章17-20节）
4. 拒收所多玛王谢赠的战利品（14章21-24节）

\# 拓展分享二　撒冷王麦基洗德是谁？

第四章 因信而得的义与神的约言 · 47

1. 关乎后裔的祝福约言（15章1-5节）
2. 以无残疾的供物献燔祭（15章6-11节）
3. 异梦中启示将来的事（15章12-16节）
4. 我已赐给你的后裔，从埃及河直到幼发拉底大河之地（15章17-21节）

\# 拓展分享三　关于异象

第五章 夏甲的怀胎和以实玛利的出生 · 65

1. 撒莱将夏甲给亚伯兰为妾（16章1-3节）
2. 夏甲怀孕引发之矛盾的解决方法（16章4-6节）
3. 夏甲经历"看顾人的神"（16章7-11节）
4. 亚伯兰八十六岁得子以实玛利（16章12-16节）

第六章 神的永约与其印记——割礼 · 75

1. 你当在我面前作完全人（17章1节）
2. 你要作多国的父（17章2-8节）
3. 奉行割礼得立约的证据（17章9-14节）
4. 预告以撒的出生（17章15-22节）
5. 正当那日家里的一切男子同受割礼（17章23-27节）

第二部
牺牲与顺服

第七章 我所要作的事岂可瞒着亚伯拉罕 · 91

    1. 在幔利橡树那里显现的三个人（18章1-8节）
    2. 耶和华岂有难成的事吗（18章9-15节）
    3. 预告所多玛和蛾摩拉的毁灭（18章16-21节）
    4. 按公义而献上出于爱心的中保祷告（18章22-33节）
    # 拓展分享四 "见有三个人"的蕴意

第八章 两个天使长和把握救恩的罗得 · 105

    1. 迎接来到所多玛的两个天使长（19章1-3节）
    2. 忤逆败坏的所多玛人和两个天使长（19章4-11节）
    3. 两个天使长领出罗得和其家人（19章12-16节）
    4. 记念亚伯拉罕，拯救罗得（19章17-22节）
    5. 降在所多玛和蛾摩拉的烈火的审判（19章23-29节）
    6. 生摩押人和亚扪人的始祖（19章30-38节）
    # 拓展分享五 奉命降火焚灭所多玛和蛾摩拉的四活物

第九章 神按自己的旨意将亚伯拉罕显明 · 127

1. 亚比米勒取去亚伯拉罕的妻子撒拉（20章1-3节）
2. 把这人的妻子归还他，因为他是先知（20章4-10节）
3. 基拉耳王亚比米勒的赔罪与补偿（20章11-16节）
4. 亚比米勒经亚伯拉罕的祷告蒙神应允（20章17-18节）

第十章 应许之子以撒和以实玛利 · 135

1. 亚伯拉罕百岁得子以撒（21章1-7节）
2. 以实玛利戏笑以撒事件（21章8-13节）
3. 打发夏甲和以实玛利到旷野（21章14-19节）
4. 以实玛利娶埃及女子为妻（21章20-21节）
5. 亚伯拉罕和亚比米勒所立的和约（21章22-27节）
6. 送七只母羊羔，作挖井的证据（21章28-34节）

第十一章 亚伯拉罕蒙"耶和华以勒"的福分 · 151

1. 献独子以撒为燔祭的试验（22章1-2节）
2. 领以撒上摩利亚山（22章3-6节）
3. 亚伯拉罕和以撒对神完全的顺从（22章7-10节）
4. 现在我知道你是敬畏神的了（22章11-12节）
5. 神为亚伯拉罕预备献祭的公羊（22章13-14节）
6. 被誉为信心之父、万福之源（22章15-19节）
7. 为应许之子以撒预备配偶（22章20-24节）

\# 拓展分享六 服从，顺从，顺服的差异

第三部
爱与福

第十二章 撒拉的命终和葬地麦比拉洞 · 171
    1. 为撒拉之死忧伤哀恸的亚伯拉罕（23章1-4节）
    2. 凡事以谦卑的情怀、良善的智慧秉行正道（23章5-9节）
    3. 知人心之诡诈，断然推辞所施好处（23章10-15节）
    4. 用四百舍客勒买妥麦比拉洞安葬故人（23章16-20节）

第十三章 亚伯拉罕的老仆人和以撒之妻利百加 · 181
    1. 奉命为以撒娶妻的老仆人（24章1-4节）
    2. 信靠主人亚伯拉罕，起誓忠诚顺命（24章5-9节）
    3. 蒙神的引导寻见利百加（24章10-27节）
    4. 到利百加家里陈述始末缘由（24章28-49节）
    5. 以撒和利百加的婚事谈妥（24章50-60节）
    6. 以撒娶利百加为妻（24章61-67节）
    # 拓展分享七　亚伯拉罕的老仆人的美行与内心品质

第十四章 信心之父亚伯拉罕的命终与其使命 · 199
    1. 后妻基土拉所生六子之后裔（25章1-4节）
    2. 承继亚伯拉罕正统世系的以撒（25章5-6节）
    3. 亚伯拉罕的命终与殡葬（25章7-11节）
    # 拓展分享八　得进天国至美圣城新耶路撒冷的亚伯拉罕

"我的父，我的父，
指引我生命道路的父，
我的一生全靠父引领，
父的大爱伴我始终。

我的父，我的父，
惟遵父的旨意，
我的生命单要称谢您。

凭信心的眼目，凭顺从的心志，
我的生命活出了您的荣耀。
指引我的父，我单要称谢您，

父所怀藏的心愿，
无不向我明示，引我顺命听从，
使我无可指摘，我要称谢您。"

第一部

信靠与顺从

成神朋友的途径一

第一部

对神的信靠和顺从程度因人而异：
有的人听了神的话，
不讲任何条件绝对顺从；
有的人虽然顺从却是不得已而为之；
有的人从来就没有顺从的意向。
信心之父亚伯拉罕听了神的吩咐就作出无条件的、
即刻的顺从。

第一章

神的呼召与信心的试炼

神的呼召与赐福的约言
凭信顺从得进迦南地
我要把这地赐给你的后裔
在埃及经历妻子被人取去的熬炼
痛悔坦承通过信心的试炼

1. 神的呼召与赐福的约言

> 耶和华对亚伯兰说:"你要离开本地、本族、父家,往我所要指示你的地去。我必叫你成为大国。我必赐福给你,叫你的名为大,你也要叫别人得福。为你祝福的,我必赐福与他;那咒诅你的,我必咒诅他。地上的万族都要因你得福。"(12章1-3节)

亚伯兰(后名亚伯拉罕)是挪亚之子闪的后裔,四千多年前生于迦勒底的吾珥(创世记11章10-28节)。吾珥地处古美索不达米亚文明发祥地的幼发拉底河与底格里斯河下游,今伊拉克和伊朗西南部地区。此地土壤肥沃,人民生活富裕,时为农业、工业、渔业中心。

介绍亚伯兰的成长背景:亚伯兰初生之时,挪亚、闪等祖辈还活在当世。

甚至闪、沙拉、希伯在亚伯兰一百七十五岁命终之时仍活在人世。亚伯兰从小受到祖辈的教诲，认识独一的真神，以及祂的旨意。在敬畏神的家族氛围中，他的身量和对神的信心和爱心一齐增长。

亚伯兰的父亲他拉生亚伯兰、拿鹤和哈兰。到了成年，亚伯兰和拿鹤各娶了妻，分别名叫撒莱和密迦，哈兰生罗得后早年离世。亚伯兰的妻子撒莱极其美貌，但直到年纪老迈不能生育。

有一天，他拉带着他儿子亚伯兰和儿妇撒莱并幼年丧父的孙子罗得，离开故乡前往迦南地，途中定居哈兰。当时哈兰跟迦勒底吾珥一样，人民沉迷于偶像崇拜。

原本固守血统，敬畏神的他拉，经不起时间的考验，渐渐受当地风俗的影响，侍奉起别神偶像来（约书亚记24章2节）。于是神使亚伯兰离开本地、本族、父家而独立，免得同染败坏习气。这是神造就信心之父的熬炼之开端。

亚伯兰的信仰征程由此开启。

当时亚伯兰专心爱神，敬畏神，信靠神，能够对神的命令作出绝对的顺从。神吩咐亚伯兰说："你要离开本地、本族、父家，往我所要指示你的地去。"

离开本地、本族、父家，绝不是件容易的事。背离一手拼搏打造的安稳家业，踏上漂泊无定的陌生旅途……若是肉体的意念当先，是很难顺从的。

然而，亚伯兰轻松通过了这场试验。他没有半点迟疑踌躇，就遵着神命前往人地生疏的外邦地域。但他此时的信心还未完善。虽然他有与生俱来的善美品质，从小领会对神的知识，但为了达到完全的信心境界，必须经受相应的熬炼，破除一切肉体的意念。

在此过程中所要经受的熬炼绝非是容易承受的。神吩咐亚伯兰离开本地、父家，往神指示的地方去，并告诉他信从之后必临到的祝福：

"我必叫你成为大国。我必赐福给你，
叫你的名为大，你也要叫别人得福。
为你祝福的，我必赐福与他；
那咒诅你的，我必咒诅他。
地上的万族都要因你得福。"

这一祝福的约言不是即刻实现的，而是要等到亚伯兰通过熬炼，被誉为信心之父后才会应验。亚伯兰正是凭信领受这一祝福的约言，直至得称为信心之父，恒心渴求仰赖。

2. 凭信顺从得进迦南地

亚伯兰就照着耶和华的吩咐去了，罗得也和他同去。亚伯兰出哈兰的时候年七十五岁。亚伯兰将他妻子撒莱和侄儿罗得，连他们在哈兰所积蓄的财物，所得的人口，都带往迦南

地去。他们就到了迦南地。亚伯兰经过那地，到了示剑地方摩利橡树那里。那时，迦南人住在那地。(12章4-6节)

亚伯兰顺命离开哈兰的时候，年七十五岁。根据其父他拉享年二百零五岁，亚伯兰寿终一百七十五岁，那么亚伯兰当时七十五岁还算是年轻的了。亚伯兰久居哈兰地，有自己稳固的基业。

哈兰地是他凝聚家族亲情的家园。背离安乐的家园，抛弃稳定的基业，割舍深厚的亲情，前往人地生疏的异域，实非易事。可是亚伯兰不眷这一切，即刻顺从神的命令。

然而，有些人在完全可以顺从的事上，却以种种借口和托词任性而为之。若是面对与自己的见识和经验不合的事，他们岂不更是难以顺从！亚伯兰这样的顺从是值得我们仰慕和效法的。从中可以看出神所认可的顺从不是作力所能及的事，而是在超乎人力极限的事上也能凭信靠神而行。

亚伯兰把家眷和财物人口，都带往迦南地去。亚伯兰经过那地，到了示剑地方摩利橡树那里。当时迦南人住在那地，他们是含的后代。但得益于安定的农耕生活和商业的发达而享受富足的迦南居民，迷醉于巴力、亚斯他录、亚舍拉等虚神偶像，淫乱邪荡，道德沦丧。

3. 我要把这地赐给你的后裔

耶和华向亚伯兰显现，说："我要把这地赐给你的后裔。"亚

创世记12、13章记述的亚伯兰迁徙路线

▲ 亚拉腊山

哈兰

底格里斯河

幼发拉底河

以拦

迦勒底
吾珥

波斯湾

❶ 离开迦勒底吾珥定居哈兰（创世记11章31节、12章1节）
❷ 离开哈兰迁入迦南地到示剑地方（创世记12章4-6节）
❸ 在示剑筑坛后迁到伯特利东边的山（创世记12章7-8节）
❹ 从伯特利下埃及去（创世记12章9-10节）
❺ 从埃及归回迦南地（创世记13章1-3节）
❻ 来到希伯仑幔利的橡树那里居住（创世记13章18节）

> 伯兰就在那里为向他显现的耶和华筑了一座坛。从那里他又迁到伯特利东边的山，支搭帐棚。西边是伯特利，东边是艾。他在那里又为耶和华筑了一座坛，求告耶和华的名。后来亚伯兰又渐渐迁往南地去。(12章7-9节)

亚伯兰到了示剑地方摩利橡树那里的时候，神向亚伯兰显现说："我要把这地赐给你的后裔。"那么，这一约言什么时候得到应验呢？

旧约圣经详细记述亚伯兰经过熬炼被誉为信心之父，其后裔雅各在埃及形成大族，后来走出埃及征服迦南地的全过程。神约言的成就，有可能因着人的不顺从或信心的不足而耽延。但祂的约言必定成就，只是那日期非人所定。

例如，耶稣医治病人一般都是即时见效，当场显现神的荣耀。而路加福音17章的十个麻风病人是照耶稣"你们去，把身体给祭司察看"的吩咐前往的途中得以洁净的。

神对亚伯兰所说"我要把这地赐给你后裔"的约言，也是过了漫长岁月后才得成就。就是到了摩西领出埃及的以色列民征服迦南地时，这一约言才得以实现。

在信仰历程中，我们会碰到类似情境。比如：神的应允好像比预期的有所耽延，或周遭境况看似与设想的背道而驰。然而信靠神言，恒心祷告的人终必体验到信实的神奇妙的作工。但我们看到很多人不能凭信来领受神祝福的应许。当神的应允未照自己设想的日期临到，他们就心中生疑，信志摇摆，最终得不到所应许的福分。

4.在埃及经历妻子被人取去的熬炼

> 那地遭遇饥荒。因饥荒甚大，亚伯兰就下埃及去，要在那里暂居。将近埃及，就对他妻子撒莱说："我知道你是容貌俊美的妇人。埃及人看见你必说：'这是他的妻子'，他们就要杀我，却叫你存活。求你说，你是我的妹子，使我因你得平安，我的命也因你存活。"及至亚伯兰到了埃及，埃及人看见那妇人极其美貌。法老的臣宰看见了她，就在法老面前夸奖她。那妇人就被带进法老的宫去。（12章10-15节）

神亲手熬炼亚伯兰，使他的信心得以充足完备。

亚伯兰向来爱神，敬畏神，服侍神。但认知和体悟的概念完全不同，体悟是身体力行所得悟的感受。因此，神叫亚伯兰经过实际操练，即熬炼的过程，得以建立完备的信心。

即使人生长在极佳环境中，学习领受关乎神的知识，若不经历相应的熬炼，仍是很难具备合神心意的完备的信。只有经过熬炼，将承传于祖辈、父母气质而形成的固有秉性和本性中潜藏乃至在生活环境中潜移默化养成的一切肉体的属性除去净尽，方能具备完备的信。

亚伯兰顺利通过了第一轮试验，但若要配得信心之父的美誉，必须把肉体的意念除去净尽。

亚伯兰尚存的肉体的意念，后因经历一场试炼而得以彻底清除。那就是妻子撒莱被人取走的试验。

亚伯兰从迦南地渐渐迁往南地，因那地饥荒甚大，就下埃及去。将近埃及，亚伯兰推想因着妻子撒莱的缘故，自己有可能遇到生命危险。因为撒莱极其美貌，亚伯兰恐怕埃及人心生贪恋而杀他夺妻。

于是他想出自以为明智之策，就是称妻子为妹子，用来应对可能发生的险情。当然这话并不假，因为撒莱本就是亚伯兰同父异母的妹子（创世记20章12节），但问题是其称妻为妹的动机不纯，即没有专心靠神，动用叫人与神为仇的肉体的意念（罗马书8章6-7节）。

亚伯兰无法预料自己随后的遭遇。人的能力是有限的，不能预知将来要发生什么事。亚伯兰虽然保住了自己性命，妻子却被人取去。妻子撒莱容貌俊美，取走她的不是别人，而是埃及王法老。

亚伯兰虽然承认并相信神是全知全能的，但面对现实的考验，却未能专心靠神。当然，这在神面前既不是行恶也不是犯罪。神若吩咐亚伯兰说"你放胆到埃及地去"，他也能毫不犹豫地凭信前往。

事前，神对亚伯兰没有任何启示，只是默然察看他的行动。

亚伯兰当时信心若是更加全备，神虽然没有指示他将要发生的事，他也不会体贴肉体，动用人意，必会专心信靠仰赖他的神。

当时亚伯兰因为信心尚未完全，所以倚靠自己的智慧，去应对现实的问题。

亚伯兰要得称为信心之父，必须完全，无有瑕疵，于是神藉着这件事，使他欠缺的部分显露出来。叫他经过信心的考验，能够彻底醒悟自己的欠缺和不足，超脱人的极限，达于专心靠神的境界。

5.痛悔坦承通过信心的试炼

> 法老因这妇人就厚待亚伯兰，亚伯兰得了许多牛羊、骆驼、公驴、母驴、仆婢。耶和华因亚伯兰妻子撒莱的缘故，降大灾与法老和他的全家。法老就召了亚伯兰来，说："你这向我作的是什么事呢？为什么没有告诉我她是你的妻子？为什么说她是你的妹子，以致我把她取来要作我的妻子？现在你的妻子在这里，可以带她走吧！"于是法老吩咐人将亚伯兰和他妻子，并他所有的都送走了。(12章16-20节)

埃及王法老因撒莱的缘故厚待亚伯兰，赠送许多牛羊、骆驼、公驴、母驴、仆婢给亚伯兰。

动用肉体意念的结果是妻子被人取去，当时亚伯兰心全被忧愁占满了。

虽然保住了自己的性命，心里却忧愁苦闷。

想到妻子的处境，心里极其痛苦难过。

此时的亚伯兰除了神以外别无倚靠。

亚伯兰醒悟到己意失算，聪明反误，便向神痛悔坦承，祈求仰赖。

获得完备的信之前，谁都有可能像亚伯兰那样出现失误。而关键是其后的态度。坦承自己的错误，迅速悔改归正，专心信靠神的人和继续按自己的想法而行的人会有截然不同的结果。

亚伯兰醒悟自己的愚拙，立刻悔改，转而仰赖凡事都能的神。神垂听亚伯兰的祷告，就开一条出路给他（哥林多前书10章13节）。

神因亚伯兰的妻子撒莱的缘故，降大灾与法老和他的全家。连法老带其家眷人丁都受疾病之苦。吃惊的法老彻查自己遭灾的原因，悟出这件事一定是跟撒莱有关，于是赶忙召了亚伯兰来询问。

法老对亚伯兰说：为何称你的妻子为妹子，以致我把她取来要作我的妻子？并吩咐人将亚伯兰和他妻子，并他所有的都送走了。这样，亚伯兰因着向神坦承痛悔，妻子得以顺利还归。

而且带着法老厚赠的许多牛羊、骆驼、公驴、母驴、仆婢出了埃及。当亚伯兰试图靠自己的聪明计谋应对问题时，反而陷入了束手无策的困境。然而专心靠赖神的帮助时，不仅问题得以化解，而且资财增多，比初入埃及时更加发达多聚。

蒙神呼召，经历一次又一次信心的试炼，亚伯兰对神的信不断趋于完全，甚至心里相信神能叫死人复活。当神令他把独生子以撒献为燔祭时，他也即刻顺从。

互信，并非旦夕间所能达成。互信不是单单建立在彼此的了解和认知上，而是经过交往，体认和感悟对方的真诚，获得心与心的交融，信与被信契合时，方能达成。在我们与神的关系上也是如此。亚伯兰后来之所以能够对神献子以撒的命令作出绝对而即刻的顺从，是因为经过一次又一次信心的试炼，体现出了对神诚实的信，获得了神信任他的明证。

第二章

专心信靠神的亚伯拉罕

从埃及归回迦南地
追求和睦将选择权让与侄儿罗得
随从私欲定居所多玛的罗得
神的祝福中迁至希伯仑

1. 从埃及归回迦南地

> 亚伯兰带着他的妻子与罗得,并一切所有的,都从埃及上南地去。亚伯兰的金、银、牲畜极多。他从南地渐渐往伯特利去,到了伯特利和艾的中间,就是从前支搭帐棚的地方,也是他起先筑坛的地方,他又在那里求告耶和华的名。(13章1-4节)

亚伯兰带着妻子撒莱和侄儿罗得并一切所有的出了埃及,归回迦南。在埃及遭遇妻子被人取去的熬炼,亚伯兰对神有了更深的了解,以前是通过别人口中得知神,而现在是从心里感悟到神。熬炼的果效十分显著。借此亚伯兰彻底认清并破除了隐而未现的老我,并且懂得专心倚靠神。不仅如此,经过这场熬炼还得了极多的金、银、牲畜。这就是神叫人承受信心熬炼的深层旨意。

神许可熬炼,旨在赐福,非是叫人受苦。若要像亚伯兰那样蒙神灵肉兼得的赐福,我们必须以喜乐和谢恩胜过熬炼。

亚伯兰在妻子被人取去的试炼中也能够照样喜乐并谢恩。

虽然因动用人的智慧和计谋遭遇别妻的窘境而牵肠忧心,但丝毫没有"凭什么遭遇这样的熬炼?神为何不保守"这种抱屈怀怨或忿忿不平的心态。反而心存喜乐和感恩,忍受神所许可的熬炼,终蒙极大的属灵福分。

照着灵魂兴盛,凡事兴盛的法则,肉体上的福分也就随之而来。

亚伯兰带着极多的财富迁出埃及,比初来埃及时更为发达富贵,这也尽在神的计划和旨意中。

当初,亚伯兰顺从神离开哈兰的时候,所有并不多。

神要赐福亚伯兰,使他灵魂兴盛,财物甚多,便允准了这场熬炼。神选择埃及最高统治者法老来熬炼亚伯兰,这可是来自权倾天下的君王的熬炼,由此而来的福分会何等之大,可想而知。

这样,神以超乎人想象的智慧和方式使人获得灵肉兼备的赐福。不过,人若因犯错或行恶而招致了灾祸,就算他悔改归正,也得不到上述的福分,顶多能恢复到以前的状态。

但一个人受熬炼非因行恶或犯错,乃是神赐福的美意,那么这人若是通过了熬炼,必蒙比先前更大的福分。亚伯兰就属此例。当他醒悟到自己的软弱和欠缺,将一切向神交托仰赖时,神就赐他加倍的福分。

从埃及归回迦南地的亚伯兰,到了他最初筑坛的地方(创世记

12章8节），再次向神筑坛献祭。在他生命历程中，亚伯兰亲身经历神的指引和试炼，得神帮助并蒙赐大福，得以从心底里感悟神细致周详、温和、恩慈的心怀，向神献上了感恩的祭。

他并非只在言语上说"神啊！感谢您，使我有了这么多的感悟"，而是用实际行动为神筑坛，以证实自己的告白并觉悟。他心中默念着自己曾经向神倾诉的谢恩，向神献上感恩的馨香之气。

人向神谢恩，不一定都蒙悦纳。惟有真实的感恩，成为馨香之气才可蒙神悦纳。神喜悦我们由心发出的馨香之气，认定我们的谢恩是真实的，并记念我们一切谢恩的告白。

亚伯兰领受神"我要把这地赐给你的后裔"（创世记12章7节）这一约言时，也曾在那地为耶和华神筑坛。就是以筑坛献祭，证实神与人之间的约定。

当人受熬炼的时候，有时会觉得孤立无助，甚至眼前一片渺茫昏暗。但胜过那熬炼后，必看见自己的信心得到显著提升。亚伯兰也不例外。

他在起初筑坛的地方第二次向神献祭的时候，心境跟先前截然不同。当然亚伯兰之前也时常殷勤向神筑坛献祭，但那只是照祖辈遗传而行。就是遵行祖辈口传的筑坛方式和献祭规则，而此时的亚伯兰则是用心灵和诚实向神筑坛，并怀着感恩之心赞美神，尊神为大。

经历了信心的试炼，亚伯兰身上起了惊人的变化。一次熬炼，就使亚伯兰获益极大：己意得到破碎，欠缺得以补足，对神的爱与信也获得大幅提升，成为合神心意的人。从此凡事靠赖神的引导，专心顺从神的旨意。

2.追求和睦将选择权让与侄儿罗得

> 与亚伯兰同行的罗得也有牛群、羊群、帐棚。那地容不下他们,因为他们的财物甚多,使他们不能同居。当时,迦南人与比利洗人在那地居住。亚伯兰的牧人和罗得的牧人相争。亚伯兰就对罗得说:"你我不可相争,你的牧人和我的牧人也不可相争,因为我们是骨肉(原文作"弟兄")。遍地不都在你眼前吗?请你离开我。你向左,我就向右;你向右,我就向左。"(13章5-9节)

迁离埃及时,亚伯兰和罗得财物群畜人丁甚多,成了富裕大户。但有一件事情却给他们带来了苦恼,就是随着财物的增多,那地已容不下他们同居。由于水源不足,牧场有限,亚伯兰的牧人和罗得的牧人之间就起了争执。

于是亚伯兰向罗得提议说:"因为我们是骨肉(原文作"弟兄")。遍地不都在你眼前吗?请你离开我。你向左,我就向右;你向右,我就向左。"亚伯兰将身为长辈应享有的选择权让与罗得。

这是亚伯兰经受熬炼后信仰上更加成熟的明证。

不以自己的利益当先,将选择权让与侄儿。亚伯兰这种高深的信仰境界,是在熬炼和苦难中得以造就的。体现出他专心倚靠神的成熟信仰态度。

当初罗得投靠叔父亚伯兰,一同离开哈兰时,没有独立能力,也没有充裕的财物。然而此时的罗得拥有大量的群畜财物，甚至到了不能与亚伯兰同居的地步。这说明罗得因与亚伯兰同居而蒙神丰厚的恩赐。罗得追随亚伯兰，其所有与亚伯兰的所有一同蒙神的保守，而且日增月盛。

那么，罗得得知自己的牧人和叔父亚伯兰的牧人相争的事后，本应怎样处事？身为侄儿恭让叔父乃是天经地义。

但罗得却恰恰相反，得到了选择权，竟毫不推让，择取自己看为美的地方。按肉体说，这是有违次序，从属灵的层面看，也是不合情理。

若论属灵的次序，罗得理应谦恭服侍亚伯兰。可是罗得不懂得什么叫服侍，虽然所得的福分是因着亚伯兰来的，却对此毫无识悟，更不知感恩。

尽管如此，亚伯兰对罗得并未生厌。他也不曾对罗得说：岂不知你今日发家致富，蒙神保守，是因我的缘故吗？

3.随从私欲定居所多玛的罗得

> 罗得举目看见约旦河的全平原，直到琐珥，都是滋润的，那地在耶和华未灭所多玛、蛾摩拉以先，如同耶和华的园子，也像埃及地。于是罗得选择约旦河的全平原，往东迁移，他们就彼此分离了。亚伯兰住在迦南地，罗得住在平原的城邑，渐渐挪移帐棚，直到所多玛。所多玛人在耶和华面前罪

大恶极。(13章10-13节)

罗得选择的约旦平原肥美滋润,正如经上所说"如同耶和华的园子,也像埃及地"。

值得注意的是,经上描述罗得选择的美地堪比埃及地。原因何在?若看到现在的埃及,不免感到诧然失望,但通过这一记述,我们可以推知当时埃及地极其富饶。

神所造的人类的始祖亚当在犯罪以先、生活在伊甸园的时候,经常来往于这地上。埃及地就是当时亚当在地球上最喜欢游历的地方之一。生活在伊甸园的亚当眼里,埃及是一个充满异域情调,景色佳美之地,常常令他心驰向往。罗得所选择的那地水源充足,土地肥沃,因而被喻作埃及地。

罗得向肥美的约旦平原迁移,最后定居于所多玛城。轻忽灵肉次序,随从私欲而行的罗得,无从料知自己将要面临的大灾祸,一步步走进深深的迷茫中。

诚如经上描述"所多玛人在耶和华面前罪大恶极",此地满了罪恶、强暴。罗得因得不到神的引导,误入所多玛这一罪恶之城。那里充斥着属灵的邪淫和偶像崇拜,人们奢靡享乐,败坏邪荡,在神面前罪大恶极。

创世记11章记述的巴别塔事件以后,语言分化不通,人类分散各地,形成各种部落和族群。其中有蒙神拣选,传承正统世系,敬神爱神尊神,保持信仰纯正的城邦。

而有的城邦则背弃神恩，纵欲邪荡，沉迷偶像，奢靡享乐，最典型的当数所多玛。罗得选择所多玛，就是被肉体的私欲所牵引的结果。

人被授予自由意志，有选择的权利。可以说人生就是选择。"衣、食、住、行有何标准"；"参加主日礼拜还是在家休闲"；"求自益处还是牺牲、让步"，全在于个人自由意志的选择。

人有选择的自由，但错误的选择会给人带来悔叹和悲愁，而正确的选择会让人赢得幸福与平安；罗得随从私欲，陷入了试探和苦境，而亚伯兰则遵从神言，得进了蒙福之地。

4.神的祝福中迁至希伯仑

> 罗得离别亚伯兰以后，耶和华对亚伯兰说："从你所在的地方，你举目向东西南北观看，凡你所看见的一切地，我都要赐给你和你的后裔，直到永远。我也要使你的后裔如同地上的尘沙那样多，人若能数算地上的尘沙，才能数算你的后裔。你起来，纵横走遍这地，因为我必把这地赐给你。"亚伯兰就搬了帐棚，来到希伯仑幔利的橡树那里居住，在那里为耶和华筑了一座坛。(13章14-18节)

罗得离开亚伯兰后，景况越来越窘迫；而亚伯兰自从与罗得分居后越发昌盛发达。我们倒过来想，会得出这样的结论：如果亚伯兰不与罗得同居，所蒙的福分应该会更大。

比方说，一个家庭即使有得神喜悦的人，而蒙多大的福分，取决于其家庭整体状况。从整体上看，若不够条件，就很难蒙更多的福分。当然，对得神喜悦的个人，神必赐他相称的福分，但对整个家庭就另当别论了。但这个人若是独立的，神就可以赐他比先前更大的福分。

在其他方面也一样。

与不合神心意的人同工，会阻碍我们蒙神赐福：对自己灵魂兴盛不利，蒙福的通道被堵塞。但并非要排斥那些不信的人，乃是不能站在罪人的道路上，不可与作恶的人连合。

罗得虽然认识神，但他的信仰在神面前仍有不合宜的部分。因此神在罗得离开亚伯兰后，才赐予亚伯兰更大的福。但这并不意味着罗得的信仰低于一般水准。因为常年在叔父亚伯兰身边受到言传身教的熏陶，罗得有一颗疾恶慕义之心（彼得后书2章8节）。但与亚伯兰相比，罗得的灵性水准却是呈现很大的差距，罗得最终体贴肉体，顺着私欲的牵引而行。

罗得离开后，神祝福亚伯兰说"从你所在的地方，你举目向东西南北观看，凡你所看见的一切地，我都要赐给你和你的后裔，直到永远"。

这一约言包含着神对亚伯兰的后裔以色列民族的宏大旨意：神要从亚伯兰的正统世系中兴起选民以色列，叫他们得称赞、美名、尊荣，超乎万民之上，彰显耶和华神的名。

即包含着神要通过以色列，将祂的名传遍普世万方并成就耕作人类计划的旨愿。神为了成就这宏大的计划和旨意而拣选了亚伯兰。因此神对亚伯兰显明厚爱，应许大福。这一祝福的约言不单关乎亚伯兰个人，而更关乎整个以色列民族，其异象宏大深远。

神说"凡你所看见的一切地，我都要赐给你和你的后裔，直到永远"，这不单纯意味着要把所看见的地赐给亚伯兰和其后裔，其实包含着神向着他们的救恩的应许。神为了成就这一约言，使救主诞生于选民以色列，到了这末时，又借着圣灵的作工，成就福音回归以色列，显明祂的旨意。

神接着具体地说："我也要使你的后裔如同地上的尘沙那样多，人若能数算地上的尘沙，才能数算你的后裔。"这是神对起初呼召亚伯兰时所说"我必叫你成为大国。我必赐福给你，叫你的名为大，你也要叫别人得福"（创世记12章2节）这一约言如何实现的具体说明。意思是亚伯兰的后裔将来繁茂昌盛，好比地上的尘沙，多得不可胜数。

由此可知亚伯兰的后裔将极其繁盛。这里所谓"后裔"，非指传承其家族世系的后代子孙，指的是一切因信得生的信道的后裔。

亚伯兰将来作多国之父、信心之父，为一切信者的始祖，故至今凡因信得救的，都是亚伯兰的后裔。每当有因信得救的人出现，信心之父的荣耀便归于亚伯拉罕，直到世界的末了。

神赐予亚伯兰的约言非同一般，是神对人类的耕作史上空前绝后的祝福约言。当然，这一约言是要在亚伯兰经过熬炼得成完全人后才能实现。神早先赐这应许，是因为预知亚伯兰将来必会胜过摆在面前的一切熬炼，赢得信心之父的尊荣美誉。亚伯兰也坚信神的应许，努力进深，一心追赶，终使神的约言全然应验在他身上。

拓展分享一

心器的大小

从宽容和温良柔顺的品性衡量心器的大小

无论何人,只要离弃罪恶,用真理更新自己的心意,就可以拥有宽容和温良柔顺的品性。

何为宽容?

宽容是指"真理完满成形在心里,得享晓得真理而生的自由,从而能够付出自己所有"的心灵境界。温良柔顺是指善美的心灵,体现在"此可彼亦可"的境界,更体现在选择神更喜悦的方面而行。故温良柔顺的人多结善果,口里只出造就人的恩言,处处体现善美的德行。

亚伯兰具有宽容和温良柔顺的品性。这一品性在他把新迁地的选择权舍让于侄儿罗得的事件中得到充分的体现。其实罗得是因着亚伯兰而得福的。作为侄儿,当得知自己的牧人和叔父的牧人产生纠纷时,应当如何处置?

理应严加管教自己的牧人，免得负面消息传到叔父耳中令他担忧。然而罗得胸襟没有那么宽阔，不会先为叔父着想。他只计个人得失，只顾自己立场。因而当亚伯兰将选择权让给他时，惟恐错失良机，即刻选择自己看为美的地方迁离（创世记13章10-11节）。

当初罗得若是恭让叔父会有什么结果呢？
即使罗得谢绝推辞，亚伯兰必会再三让与罗得。罗得若是记念亚伯兰的恩，就算亚伯兰再三相让，也应当主动选择差次的，把肥美之地归给叔父亚伯兰。

即使亚伯兰屡次让与自己，也不能自我安慰"我已尽了本分"，心安理得地选择好地，这显然不是知恩图报者所为，也谈不上合乎做人的道理。当然，这总比争先贪占便宜的心态要强，但若是真正感激亚伯兰的恩，即使难再互让而先作决定，也不应该向有利于自己的方面考虑。

但罗得一次推让都没有，就照自己的利欲所趋，选择自己看为美的地方迁离，其器量之狭小，可见一斑。那么，此时此刻亚伯兰是怎样的心情呢？

他没有因罗得见利忘义，先占取好地而感到遗憾或者不满。反而本着豁达开阔的心怀，给予宽容，不曾存有丝毫的不悦。这是因为亚伯兰拥有一舍到底的宽和谦让的品德。他的服侍是发自真诚的，所以能够甘心把自己应有的权利让给比自己辈分小的人，即使对方得寸进尺，再向他求什么，他也能够慷慨舍出。

从对功利的态度衡量心器的大小

人器量之大小表现在对功利的态度上,即在乎归功于己和归功于人的取向上。

罗得蒙神赐福是因与亚伯兰同居的缘故,但他对此无有识悟,也不知感恩。

而亚伯兰对此毫不介意,从未向罗得暗示自己对他的恩德。就算告诉罗得"你如今所蒙的福分是因与我同居的缘故"也无妨,但亚伯兰没有这么做。

这就是大器者的本色。

亚伯兰毫无功利之念,凡事归功于神恩。没有神的保佑和同在,怎能有现今的福分!亚伯兰将一切感谢与荣耀单单归于独一的真神。

当双方牧人之间发生争执时,亚伯兰没有迁咎于别人,而是把责任归到自己身上,为之忧伤哀恸,体现出其良善的情怀,博大的心量。从而能够先向罗得提议和平方案。这说明亚伯兰具有理解、关爱、宽仁、谦和的善美品性。

事已至此,罗得对自己的错,仍无半点醒悟,一味地顺着私欲而行。

罗得若真是属神之人,一定会事前向神求问,寻求神的引导。而贪欲在心的罗得,无心求赖神的引导,最终落得惨淡的境地。

第三章

营救罗得以及麦基洗德的祝福

- 迦南地联军之战
- 营救罗得和所多玛、蛾摩拉众民
- 遇见麦基洗德奉献十分之一
- 拒收所多玛王谢赠的战利品

1. 迦南地联军之战

当暗拉非作示拿王、亚略作以拉撒王、基大老玛作以拦王、提达作戈印王的时候，他们都攻打所多玛王比拉、蛾摩拉王比沙、押玛王示纳、洗扁王善以别和比拉王；比拉就是琐珥。这五王都在西订谷会合，西订谷就是盐海。他们已经侍奉基大老玛十二年，到十三年就背叛了。十四年，基大老玛和同盟的王都来在亚特律加宁，杀败了利乏音人，在哈麦杀败了苏西人，在沙微基列亭杀败了以米人，在何利人的西珥山杀败了何利人，一直杀到靠近旷野的伊勒巴兰。他们回到安密巴，就是加低斯，杀败了亚玛力全地的人，以及住在哈洗逊他玛的亚摩利人。于是所多玛王、蛾摩拉王、押玛王、洗扁王，和比拉王（比拉就是琐珥）都出来，在西订谷摆阵，与他们交战，就是与以拦王基大老玛、戈印王提达、示拿王暗拉非、以拉撒王亚略交战，乃是四王与五王交战。西订谷有许多石漆坑。所多玛王和蛾摩拉王逃跑，有掉在坑里的，其余的人都往山上逃跑。四王就把所多玛和蛾摩拉所有的财物，并一切的粮食都掳掠去了；又把亚伯兰的侄儿罗得和罗得的财物掳掠去了。当时罗得正住在所多玛。(14章1-12节)

巴别塔事件后，人们各按方言、宗族、地域建立并发展自己的领土邦国。当时，大多数城邑都有自己的君王。为生存和发展，城邦之间或联手抗敌，或对立相争。

包括所多玛和蛾摩拉在内的迦南地的五王，兵败北方四王联合的大军，臣服北方四王，尤其侍奉基大老玛十二年，到十三年背叛。

激怒的基大老玛和同盟的王征讨迦南地。北方联军势如破竹，一路杀败利乏音人、苏西人、以米人、何利人，又回到加低斯，杀败了亚玛力人以及亚摩利人，直至西订谷与出来摆阵迎战的南方联军交战。

在这场南北联军迦南战役中，基大老玛率领的北方联军击溃所多玛和蛾摩拉等五王联军，大获全胜，掳掠所多玛和蛾摩拉所有的财物，粮食和人民。当时罗得正住在所多玛，未能躲过这场浩劫一并遭难，罗得连同一切财物都被掳去。

2.营救罗得和所多玛、蛾摩拉众民

有一个逃出来的人，告诉希伯来人亚伯兰。亚伯兰正住在亚摩利人幔利的橡树那里。幔利和以实各并亚乃都是弟兄，曾与亚伯兰联盟。亚伯兰听见他侄儿（原文作"弟兄"）被掳去，就率领他家里生养的精练壮丁三百一十八人，直追到但。便在夜间，自己同仆人分队杀败敌人，又追到大马士革左边的何把，将被掳掠的一切财物夺回来，连他侄儿罗得和他的财物，以及妇女、人民，也都夺回来。（14章13-16节）

这场战役中，迦南地和周围地方几乎被北方联军洗劫一空。那么，此时亚伯兰的遭遇如何？13节说"有一个逃出来的人，告诉希伯来人亚伯兰。亚伯兰正住在亚摩利人幔利的橡树那里。幔利和以实各并亚乃都是弟兄，曾与亚伯兰联盟"。可知亚伯兰在这场席卷全地的巨大劫难中彻底蒙神保守，未受任何损害。

当时亚伯兰定居在亚摩利人幔利的橡树那里。亚摩利人在此次战役中也遭到北方联军杀戮，但与之为邻的亚伯兰竟是安然无恙，毫发无损。可以看出亚伯兰始终与远近地区有影响力的部落首领、权贵和平相处并结成联盟。正由于一直与周围族群保持和平关系，亚伯兰才得以顺利发展成当时的势力规模。

那么，亚伯兰是如何与周边族群保持和睦关系的呢？
两种原因：一是常蒙神的保守和保障，一是凡事服侍人。亚摩利人和周边异族势力起初一定是对亚伯兰抱有排斥的态度。而他

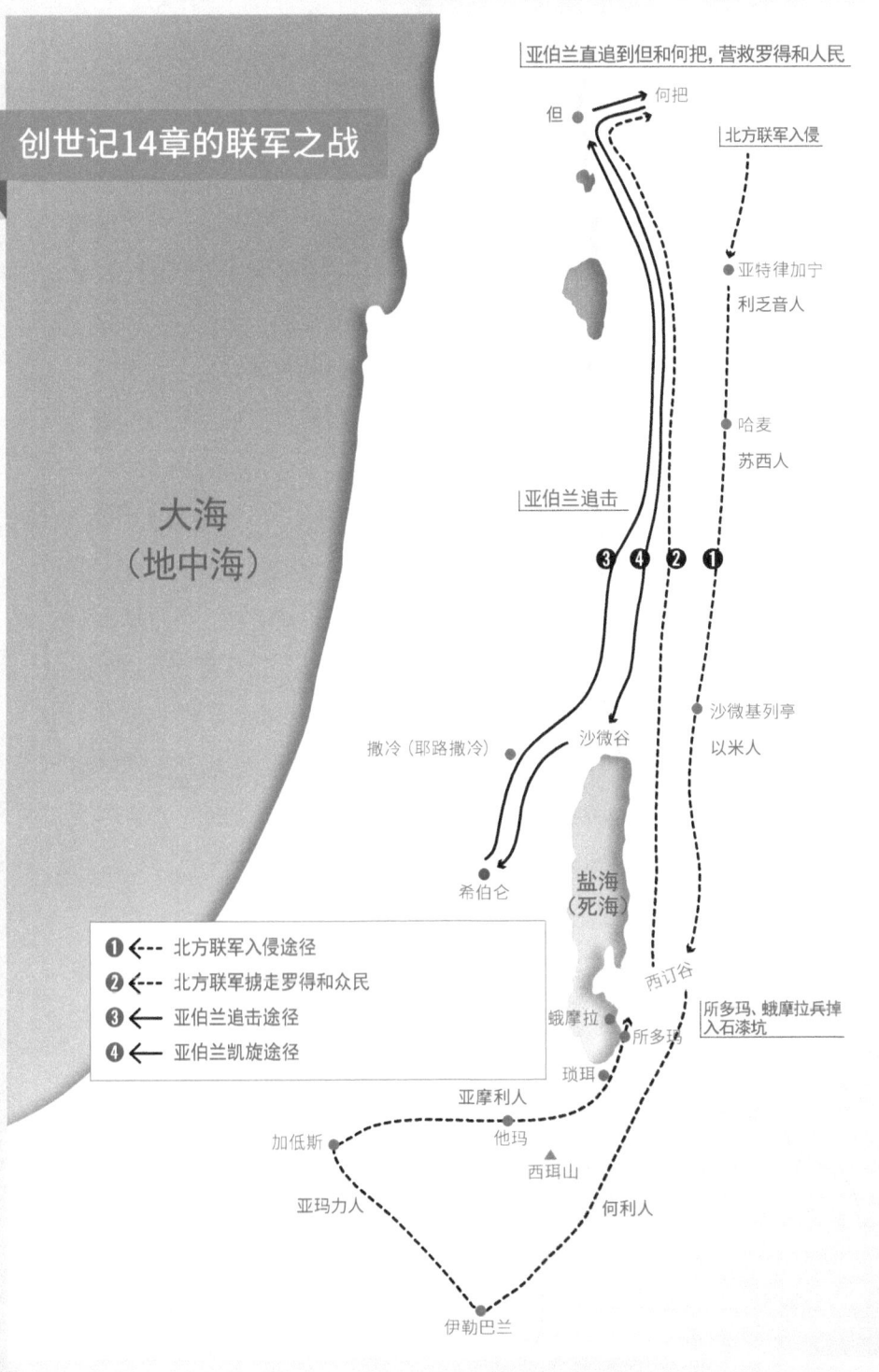

们之所以不敢与亚伯兰作对，是因为他们看见神与亚伯兰同在。

从前亚伯兰妻子被埃及王法老取去后如何别而复归，其传闻遍及远近四方。对亚伯兰如何得与神同行，蒙神保守，周边异族早有所闻，并亲眼看到神保障和赐福亚伯兰的大能。

亚伯兰从没有因自己蒙神同在和保守而藐视或轻慢当地族人，反而本着善心主动给予服侍和关照。众人自然对亚伯兰产生好感，以致发展成互信互助的关系。

亚伯兰安居迦南地，得享所赐的平安与祝福，不料一天有人传来噩耗，说他的侄儿罗得在战乱中被敌人掳去。亚伯兰立即率领他家里生养的精练壮丁三百一十八人去杀败敌人，营救罗得，并夺回被掳掠的一切财物并所多玛众民。

这是将自己的生命置之度外的一场冒险行动。亚伯兰虽然势力相当强盛，但要参与战事是要担很大风险的。因为当时北方诸王联军所向披靡，一路攻陷周围各族城邦，声势浩大，势如破竹。

然而亚伯兰不顾这一切，英勇出击。凭什么呢？亚伯兰不看眼前现实，而单单凭信定睛仰望神的大能。他专心信靠始终作他随时保守和引导的神，虽知自己兵力悬殊，仍能勇敢出战。因为他相信争战的胜败不在乎士兵的多寡，乃在乎神（诗篇20篇7节）。

士师记第7章记述士师基甸率领三百勇士打败如同蝗虫那样多的米甸人、亚玛力人和一切东方人的故事。他们领受所赐的智慧，得神的帮助，凭着极少的兵力战胜多如牛毛的强敌。神指示基甸作战方略，兵分三队乘夜突袭，设置假象迷乱敌营，使敌兵在惊惶中自相残杀。

亚伯兰在此次战事上也是使用类似的方法破敌取胜的。

亚伯兰凭着信并所赐的智慧前去英勇杀敌。好比大卫王凡事求问神，一切照神的指示做出抉择和行动，亚伯兰不靠自己的力量和智慧，在一切的事上寻求神的指引。

从亚伯兰冒险营救罗得这一事件中可以看出，亚伯兰是一个恪尽道义的真善之人。假如他心中隐存一丝恶念，一定会指着罗得想"活该你自食其果。这就是见利忘义抢占好地所招来的灾祸"，既然事不关己，完全可以掩面不顾。或以为自己对罗得已是仁至义尽，不再有任何责任，袖手旁观也无可非议。亦或碍于人情而前去搭救。

但亚伯兰救人心切，率领家中壮丁火速奔赴战场。要知道亚伯兰不是调遣人马去助战，而是亲赴战场与壮丁们一起并肩作战。"正逢战乱，趁我不在，家业遭劫怎么办？"在他没有这些顾虑，只是一心救人，不计个人得失，亲自率领精炼壮丁前去营救。

虽然经历过罗得的弃义趋利，但亚伯兰对曾经属于自己的人持有负责到底的态度。这是他善心的体现。

考虑到亚伯兰家中生养的三百一十八个精练壮丁和他们的眷属，乃至其属下的一切家奴、仆婢，亚伯兰当时的势力何等之大，可想而知。

亚伯兰蒙神丰盛的恩典与福分，打下坚实的物质基础，得以与外邦族群比肩齐声。

在此还需要留意的一点是，亚伯兰从不忽略人应作的事。他专心信靠神，但并不忽略人应分之事。不是因有神的保守就听天由命，坐等事成，轻忽自己当作的事，而是预先训练壮丁，达到可以完全自保。从而能够在罗得遭难时迅速采取行动。

3.遇见麦基洗德奉献十分之一

> 亚伯兰杀败基大老玛和与他同盟的王回来的时候，所多玛王出来，在沙微谷迎接他；沙微谷就是王谷。又有撒冷王麦基洗德带着饼和酒出来迎接，他是至高神的祭司。他为亚伯兰祝福，说："愿天地的主、至高的神赐福与亚伯兰。至高的神把敌人交在你手里，是应当称颂的。"亚伯兰就把所得的拿出十分之一来，给麦基洗德。（14章17-20节）

亚伯兰击败以基大老玛为首的北方联军，夺回被掳的所多玛和蛾摩拉百姓人民和他们的财物。受到意外的帮助转败为胜的所多玛王出来，在沙微谷迎接亚伯兰诚表谢意。

当时亚伯兰正筑坛向神祷告谢恩，至高神的祭祀、撒冷王麦基洗德带着饼和酒向亚伯兰显现。麦基洗德祝福亚伯兰说："愿天地的主、至高的神赐福与亚伯兰。至高的神把敌人交在你手里，是应当称颂的。"

亚伯兰就把战争中所获的拿出十分之一来，奉给了麦基洗德。麦基洗德的突然出现和亚伯兰对待麦基洗德的态度，都让人感觉非同寻常。这里包含着极大的属灵奥秘。

圣经指着麦基洗德说"至高神的祭司"。实际上，以色列民族史上祭司职分的正式出现是从摩西的哥哥亚伦开始的，距亚伯拉罕的时代相当久远。神指定雅各的十二个儿子中第三个儿子利未的后裔亚伦担当祭司的圣职，并命定亚伦的子孙代代承接祭司的职分。

然而，远在祭司职分问世之前的时代，却有神的祭司麦基洗德登场。对此使徒保罗说："因为麦基洗德迎接亚伯拉罕的时候，利未已经在他先祖的身中（"身"原文作"腰"）"（希伯来书7章10节）。意即麦基洗德见亚伯兰的时候，利未还未出生。这说明麦基洗德身负祭司职任是具有特殊意义的。

希伯来书7章11节提到"从前百姓在利未人祭司职任以下受律法，倘若藉这职任能得完全，又何用另外兴起一位祭司，照麦基洗德的等次，不照亚伦的等次呢？"

"等次"指身份地位或等级高低。这里"照麦基洗德的等次，另外兴起一位祭司"所指的是将自己献作挽回祭，拆毁人类罪墙，成为神人和好之中保的耶稣。接下来的希伯来书7章15-17节说"倘若照麦基洗德的样式，另外兴起一位祭司来，我的话更是显而易见的了。他成为祭司，并不是照属肉体的条例，乃是照无穷之生命的大能（"无穷"原文作"不能毁坏"）。因为有给他作见证的说：'你是照着麦基洗德的等次永远为祭司。'"

保罗以麦基洗德为渊源，对耶稣作我们大祭司不出于利未支派的等次，而出于犹大支派的后裔之根由作出阐释。诗篇110篇4节指着弥赛亚耶稣说"耶和华起了誓，决不后悔，说：'你是照着麦基洗德的等次永远为祭司。'"

那么，与神的独生爱子、与神原为一的耶稣并列同等的麦基洗德究竟是何人？请参照"拓展分享二"的内容。

4. 拒收所多玛王谢赠的战利品

> 所多玛王对亚伯兰说："你把人口给我，财物你自己拿去吧！"亚伯兰对所多玛王说："我已经向天地的主、至高的神耶和华起誓，凡是你的东西，就是一根线、一根鞋带，我都不拿，免得你说：'我使亚伯兰富足。'只有仆人所吃的，并与我同行的亚乃、以实各、幔利所应得的份，可以任凭他们拿去。"
> （14章21-24节）

所多玛王因着亚伯兰赢得了这场战争，便向亚伯兰谢恩，并要向亚伯兰谢赠战争中所获的财物。然而亚伯兰推辞说："凡是你的东西，就是一根线、一根鞋带，我都不拿，免得你说：'我使亚伯兰富足。'只有仆人所吃的，并与我同行的亚乃、以实各、幔利所应得的份，可以任凭他们拿去。"

亚伯兰给罗得所住的所多玛城带来了战争的胜利。对所多玛王而言，亚伯兰是个大救星，恩重如山。于是所多玛王前来向亚伯兰致谢，并要将一切战利品都送与亚伯兰。但亚伯兰一口回绝，并不受他一点好处。因为亚伯兰毫无贪财恋物之欲，全没徇私牟利之念。

亚伯兰专心指望神的赐福。他没有为自己积累财富的私欲，而是专心指望灵魂兴盛而来的赐福。

亚伯兰推辞所多玛王的好意，还有一个原因。

亚伯兰参透人的本质。他知道人的心灵如果未得真理的造就，随时会有顺着利欲而改变的可能。所多玛王目前心情愉悦，感恩图报，慷慨舍出战利品，但过些年头或许会因利欲所趋而变更起初的说法。

比如，会改口说："当时亚伯兰索要酬报，怎么能不给他呢？"

深知人心之诡诈的亚伯兰，当然不会接纳所多玛王一时的馈赠。除了参战的仆人所吃的和应归于同盟军的份额以外，分文不取。从中可以看出亚伯兰重情重义的品德和关照别人的情怀。

拓展分享二

撒冷王麦基洗德是谁？

希伯来书6章20节提到"作先锋的耶稣，既照着麦基洗德的等次成了永远的大祭司，就为我们进入幔内"。

麦基洗德若是受造之人，就不会以"照着麦基洗德的等次成了大祭司"来形容神子耶稣。耶稣照麦基洗德的等次，说明麦基洗德的地位不次于耶稣。

与神子耶稣同在一个等次上的，惟有圣灵。或有人提出质疑："经上说麦基洗德是撒冷王，他怎么会是圣灵呢？"

这里"撒冷"希伯来语是"平安、和平"之意，按肉体讲是表示将来的都城耶路撒冷，按灵意讲是指"神的国"（诗篇76篇1-2节；135篇21节）。故撒冷王本是与神为同等的、神国的统治者，即圣灵。

论撒冷王麦基洗德为圣灵的依据

希伯来书5章10节提到耶稣为"蒙神照着麦基洗德的等次称他为大祭司"。接着11节说"论到麦基洗德,我们有好些话,并且难以解明,因为你们听不进去"。可见希伯来书的记录者使徒保罗深知关乎麦基洗德的奥秘,但考虑到众人灵性水准难以理解,便适可而止,不往深里讲。

不过,使徒保罗在希伯来书第7章里提供些许线索,叫读经的人能够凭着所赐的悟性,悟出其深意来。首先第4节提到"你们想一想,先祖亚伯拉罕将自己所掳来上等之物取十分之一给他,这人是何等尊贵呢!"然后在7节里又提示说"从来位分大的给位分小的祝福,这是驳不倒的理"。其中的蕴意是什么呢?

创世记14章19-20节说:"他为亚伯兰祝福,说:'愿天地的主、至高的神赐福与亚伯兰。至高的神把敌人交在你手里,是应当称颂的。'亚伯兰就把所得的拿出十分之一来,给麦基洗德。"

麦基洗德给亚伯兰祝福,亚伯兰把所得的十分之一献给麦基洗德。希伯来书7章里,就指着这件事说"从来位分大的给位分小的祝福,这是驳不倒的理"。

亚伯兰后来被誉为"信心之父",旧约时代凡得救的灵魂都安息他的怀里(路加福音16章23节)。他在神面前作了完全人,甚至得称为"神的朋友"。那么，这世上受造的人中谁能大过亚伯兰，高过亚伯兰呢？

麦基洗德是谁？亚伯兰把十分之一给了麦基洗德，十分之一本是献与神的。当时十分之一的律例还没问世，亚伯兰就顺着心灵的感动，把十分之一献给了麦基洗德。说明亚伯兰清楚麦基洗德的身份。

希伯来书7章3节关于麦基洗德的身份作出了决定性的重要提示——"他无父、无母、无族谱、无生之始、无命之终，乃是与神的儿子相似。"

"无父、无母、无族谱、无生之始、无命之终"——凡一切受造之人，谁能合乎这一条件？接下来的希伯来书7章24节说："这位既是永远常存的，他祭司的职任就长久不更换。"这是指着耶稣说祂祭司的职任是长远的。希伯来书10章21节又说："又有一位大祭司治理神的家。"指耶稣为治理神家的大祭司。

而经上说麦基洗德也是"长远为祭司的"、"与神的儿子相似"。这里要留意"相似"二字。希伯来书的记录者这样形容麦基洗德是有原因的。

缺少属灵知识的人，对他们讲关于圣灵的深奥之事，不仅难以理解，还会产生种种曲解或误解。于是避开直接表达而委婉地表示：麦基洗德与神的儿子相似。

但记录者因晓得麦基洗德的奥秘，便在希伯来书1章6节提到"再者，神使长子到世上来的时候（或作"神再使长子到世上来的时候"），就说：'神的使者都要拜他。'"这里把主称作"长子"（firstborn）。

"麦基洗德"的词义是"我的王是洗德"，而属灵意义则是"分者之一"，即圣父所生的圣子和圣灵其中之一。

旧约时代是圣父亲自主导引领的时代，但主和圣灵并不是静默观望。尤其圣灵奉父的旨意，活跃开展圣工，作神得力的助手。其中一件事就是以麦基洗德的形像显现，与亚伯兰交通并为他祝福。

仁义王麦基洗德

希伯来书7章2节指着麦基洗德说："他头一个名翻出来就是仁义王，他又名撒冷王，就是平安王的意思。"那么，称圣灵为仁义王、平安王的原因是什么呢？

当我们接待耶稣为救主，就可以领受所赐的圣灵。住在我们里面的圣灵引导我们认识罪、义和审判。参透神深奥之事的圣灵又叫我们明白何为神眼中看为正（仁义）的事（哥林多前书2章10节）。

圣灵的善工就是帮助我们活出完全的义，故称为"仁义王"。不仅如此，当我们领受圣灵时，最明显的变化就是心灵得平安。因罪而沦丧，注定落入永火之地狱的人，若是认罪悔改，就可以领受所赐的圣灵，其罪便可得赦，获得作神儿女的权柄，得进永恒的天国。领受圣灵，就是我们作神儿女的印记，我们心灵由此获得所赐的平安。领受圣灵的神的儿女若是顺着圣灵的引导活出真道，就能获得世人所不能赐的真平安，故称圣灵为平安王。

亚伯兰把自己所得的十分之一献给麦基洗德，这不仅是亚伯兰信麦基洗德的明证，又是把自己的一切都归功于神恩的信仰体现。

当时十一奉献的律法还未颁布于世，也未曾有人赐教，亚伯兰却受神的感动，把十分之一献给麦基洗德。神之所以指引亚伯兰行此事，乃是为了赐亚伯兰更大的福分，即尊他为信心之父。

第四章

因信而得的义与神的约言

关乎后裔的祝福约言

以无残疾的供物献燔祭

异梦中启示将来的事

我已赐给你的后裔，从埃及河直到幼发拉底大河之地

1. 关乎后裔的祝福约言

> 这事以后，耶和华在异象中有话对亚伯兰说："亚伯兰，你不要惧怕！我是你的盾牌，必大大地赏赐你。"亚伯兰说："主耶和华啊，我既无子，你还赐我什么呢？并且要承受我家业的是大马士革人以利以谢。"亚伯兰又说："你没有给我儿子，那生在我家中的人就是我的后嗣。"
> 耶和华又有话对他说："这人必不成为你的后嗣，你本身所生的才成为你的后嗣。"于是领他走到外边，说："你向天观看，数算众星，能数得过来吗？"又对他说："你的后裔将要如此。"（15章1-5节）

亚伯兰杀败基大老玛和与他同盟的王回来，推辞所多玛王的酬劳后，神在异象中向亚伯兰显现，对他说："亚伯兰，你不要惧怕！我是你的盾牌，必大大地赏赐你。"

神是慈爱的神，祂愿意赐福与我们，但祂又是公义的神，必按公义的法则，照人所行的报应各人。因此，人要蒙神赐福，必须预备相称的器皿。

亚伯兰经过熬炼，活出从内心里爱神敬畏神并诚然信从神言的境界，造就了可蒙赐福的器皿，才领受这等祝福的约言。

我们预备可蒙赐福的器皿并不难。神不会吩咐我们做力所不及或难成的事。只要有属灵的信心和顺从的心志，都能轻省遵行。

当然，按各人信心的大小，要求也有分别。各人照自己的信心诚然爱神，凭信顺从，神必作我们的盾牌，作我们的山寨，并且倾福与我们（箴言2章7节）。

异象中与神交通的亚伯兰，突然提起关于自己后嗣的事说："主耶和华啊，我既无子，你还赐我什么呢？并且要承受我家业的是大马士革人以利以谢。……你没有给我儿子，那生在我家中的人就是我的后嗣。"

从中可以看出亚伯兰与神灵里相通，清晰感应神的心意。那么，亚伯兰说这话的动机何在？从前神应许亚伯兰说"我也要使你的后裔如同地上的尘沙那样多"（创世记13章16节）。而亚伯兰说"要承受我家业的是大马士革人以利以谢"，莫非亚伯兰淡忘了神的约言，或是心存疑惑？绝非如此。

亚伯兰决不会疑惑神的话，更不会轻忽、遗忘。尽管如此，亚伯兰仍这样提问，是因为他心中已感知神说"我是你的盾牌，必大大地赏赐你"这话的深意。他心灵感悟此刻正是神向他兑现约言的时候，便引出了关于后嗣的话题。

这好比父亲承诺给儿子买新车。过些时日，父亲认为是时候兑现了，正打算跟儿子说这件事，不料儿子感知父亲的心思，先开口说："爸爸，我这辆车还可以继续开，不要紧的。"

这非因不信爸爸的承诺，而是这么一说，便引出了"不，我现在就给你买一辆新车"的回应。这是因为儿子心里体贴料及父亲的心意，知道父亲想要说什么，就势从父亲口中得到了肯定的答复。

亚伯兰绝非因为不信，而是通过先提到后嗣，获得关于自己后嗣的确定的应许。

"耶和华又有话对他说：'这人必不成为你的后嗣，你本身所生的才成为你的后嗣。'于是领他走到外边，说：'你向天观看，数算众星，能数得过来吗？'又对他说：'你的后裔将要如此。'"——这是确定的应许。这一对话得以展开，是因亚伯兰心被灵感，清晰明晓神的心意。

2. 以无残疾的供物献燔祭

> 亚伯兰信耶和华，耶和华就以此为他的义。耶和华又对他说："我是耶和华，曾领你出了迦勒底的吾珥，为要将这地赐你为业。"亚伯兰说："主耶和华啊，我怎能知道必得这地为

业呢?"他说:"你为我取一只三年的母牛,一只三年的母山羊,一只三年的公绵羊,一只斑鸠,一只雏鸽。"亚伯兰就取了这些来,每样劈开分成两半,一半对着一半地摆列,只有鸟没有劈开。有鸷鸟下来落在那死畜的肉上,亚伯兰就把它吓飞了。(15章6-11节)

亚伯兰所领受神赐他后嗣的约言,并没有立刻应验。之后虽然从妻子撒莱的使女夏甲得了以实玛利,但他不是所应许的后嗣。当时亚伯兰八十六岁,过了十四年,到他百岁的时候,应许之子以撒才出生。

从领受神的约言到得蒙应允,经过了漫长的岁月。然而,亚伯兰从来不看眼前的现实,不因长久未得后嗣而心中生疑,只是笃定不移地相信神的应许必成。

因此第6节说"亚伯兰信耶和华,耶和华就以此为他的义"。对此,罗马书4章13节提到:"因为神应许亚伯拉罕和他后裔必得承受世界,不是因律法,乃是因信而得的义。"

"因信而得的义"是指"信靠神的话,不拘泥于眼前现实,而专以信心的眼光仰望必成的结果"。就是不依靠自己的想法或能力,专心靠赖神的圣言。

亚伯兰成全了"因信而得的义":从神领受约言时,全然信靠那圣言,不看现实,专望约言的实现。直至应许之子以撒的降生,丝毫没有疑惑、动摇或改变。

神若是说要成就某件事便即刻兑现,人焉能不信？当然也有立刻应验的,但往往需要时间考验,神借以检验各人因信而得的义。就是通过试炼,测验信靠神言的真伪,各人因信而得的义便显明了。

人所谓的义是易变无定的,顺着利欲摇来摆去,终致背信弃义。神要的不是这种人义,而是恒定不变的因信而得的义。神要的是那种不囿于现实,专望结果的信心,当我们显出这种信心的时候,就可以获得神的信任。亚伯兰活出了这样的信,其因信而得的义便得了神的认可。

证实亚伯兰因信而得的义之后,神就对亚伯兰说:"我是耶和华,曾领你出了迦勒底的吾珥,为要将这地赐你为业。"亚伯兰问神说:"主耶和华啊,我怎能知道必得这地为业呢?"

亚伯兰向神求显证,非因疑惑神的话,而是要确立与神之间的约定。

好比相爱的人彼此赠送某种代表爱的信物。那信物本身并非含有爱,但看着那物件可以记念并感知彼此的爱。

亚伯兰虽从心里相信神的应许,但通过显证再次确定,神人之间的约定无人能夺,绝不落空。这截然不同于因着疑惑而试探神。

假如亚伯兰疑惑神的话而求显证,那么神是不会认可他有信,更不会称他为义。正因亚伯兰心中毫无疑惑,于是神叫他预备献祭的供物,要给他显现凭据。

神吩咐他取一只三年的母牛,一只三年的母山羊,一只三年的公绵羊,一只斑鸠,一只雏鸽。这些供物代表亚伯兰全部的财产,表示把所有都献与神。

"三年"表示无残疾,无瑕疵,"母牛"、"母山羊"和"公绵羊"代表生产繁衍。象征亚伯兰将来以神所赐的地为基业,产业繁盛,恩福满溢。

将母山羊和公绵羊劈开分成两半,以示亚伯兰与神之间信约的真确无误。又表明此约言是神与亚伯兰两厢合立的信约。

然而鸟却没有劈开,是表明神与亚伯兰是上下关系,而非平等关系,亚伯兰是服侍神的,要秉遵次序。鸟不劈开而整只摆献,显明一切由神而来。

鸷鸟下来落在死畜的肉上,亚伯兰就把它吓飞了,这里暗含的意思是:神对亚伯兰所立的约是无人能废毁的。鸷鸟为可憎的飞禽(利未记11章13节),落在象征圣约的供物之上,意味着仇敌魔鬼、撒但的亵渎搅扰。亚伯兰吓飞鸷鸟,表示维护与神之间的约定。

亚伯兰把献祭的供物摆在坛上,并没有认为自己已尽了职责。17节记述"日落天黑,不料有冒烟的炉,并烧着的火把,从那些肉块中经过",可见亚伯兰直至神降火显应,悦纳馨香之气,专心守住所献的供物。

这个教训与我们现今蒙神应允的途径密切相关,而且至关重要。就像亚伯兰吓飞鸷鸟一样,直至所求显应,我们应当保持警醒、谨慎,随时抵挡仇敌魔鬼、撒但的攻击。不可懈怠懒散,时刻警醒祷告。

3.异梦中启示将来的事

> 日头正落的时候,亚伯兰沉沉地睡了,忽然有惊人的大黑暗落在他身上。耶和华对亚伯兰说:"你要的确知道,你的后裔必寄居别人的地,又服侍那地的人,那地的人要苦待他们四百年。并且他们所要服侍的那国,我要惩罚,后来他们必带着许多财物从那里出来。但你要享大寿数,平平安安地归到你列祖那里,被人埋葬。到了第四代,他们必回到此地,因为亚摩利人的罪孽还没有满盈。"(15章12-16节)

太阳落山,亚伯兰沉沉入睡时,忽有惊人的大黑暗笼罩其身。"沉沉地睡了",表明神要在亚伯兰梦中显现异象。神向亚伯兰启示其后裔将来要经历的事,表示他们的前程将崎岖坎坷,故以"大黑暗落在他身上"来形容。

虽在梦境里,却如在现实光景中,看着眼前的一幕,亚伯兰感到惊恐。"惊人的大黑暗"落在身上的同时,神告诉亚伯兰其后裔将来要受许多苦难。亚伯兰被誉为信心之父,他的后裔以亚伯拉罕为标杆,获得真实的信心,那历程之艰难,都写在以色列历史上。

神向亚伯兰具体指示其后裔将来的遭遇。

"耶和华对亚伯兰说:'你要的确知道,你的后裔必寄居别人的地，又服侍那地的人，那地的人要苦待他们四百年。并且他们所要服侍的那国，我要惩罚，后来他们必带着许多财物从那里出来。'"这一预言指的是以色列民将来会迁入埃及，又在那里经历四百年奴役后走出埃及。

由此可知，雅各的儿子约瑟被卖到埃及为奴，后来登上埃及宰相的高位；雅各和他的全家迁居埃及，其子孙后代在埃及作奴四百年，后来在摩西的带领下走出埃及等，一系列过程非是人力所为，而是神按照自己的旨意和大能所成就的。以色列民族四百年在埃及为奴，非因埃及这个国家强大，乃因神出于祂美意许可这件事，神要使他们在短时间内形成一大族群。

这样，神向亚伯兰指示将来必成的事，甚至告知具体时期，并照所说的成就。

神又对亚伯兰说："但你要享大寿数，平平安安地归到你列祖那里，被人埋葬。"

亚伯兰蒙神呼召后，经过熬炼被誉为信心之父，得称为神的朋友，成为无可指摘的完全人。他像以利亚、以诺那样，完全有资格活活被提到神的身边，可是亚伯兰在地上经历了死。

这里有神的美意。人在地上的生命结束，得救的灵魂得进上阴间，不得救的灵魂则降到下阴间。亚伯兰直到耶稣降在地上完成救主的使命后复活升天，都在上阴间负责接纳并管理那些得救的灵魂。

路加福音16章22节说"后来那讨饭的死了,被天使带去放在亚伯拉罕的怀里",意思是讨饭的拉撒路得救,归入亚伯拉罕的怀里。

为何不叫主的怀里而叫亚伯拉罕的怀里呢?在耶稣作全人类的救主之前,亚伯拉罕活出的信便是检验人类信心的标准。然而耶稣基督以后,耶稣基督是我们救恩的途径,得救的灵魂便归入主的怀里,而不是亚伯拉罕的怀里。

当然,救主耶稣降世之前,离开这个世界并得蒙救恩的众人,都靠耶稣基督的名得救。旧约时代的人得救是因着行为,但他们也必须接待耶稣基督,方可照灵界的法则因信称义,获得永生。

彼得前书3章19节说"他藉这灵曾去传道给那些在监狱里的灵听"。这里"监狱"指的是上阴间。耶稣在十字架上殒命后降到上阴间传福音给那里的众灵听。即神施恩与那些生前不认识耶稣的众灵魂能够接待耶稣作个人的救主。

直至耶稣基督完成救赎之道,亚伯拉罕在上阴间担当管理得救灵魂的使命。这是亚伯兰在地上经历死亡的原因。亚伯拉罕在安详中离开人世。因为他是蒙神厚爱的人,一生常享平安,命终安然归天。

神曾启示亚伯兰:他的后裔将在埃及受奴役,到了第四代,他们必回到迦南地。我们看此预言是如何应验的。

这里所说的"四代",指从迁至埃及的雅各的众子第一代到出埃及的那一代。查考摩西的世系，雅各第三子利未是第一代，利未的儿子哥辖是第二代，哥辖的儿子暗兰是第三代，暗兰的儿子亚伦和摩西是第四代。

由此可知，亚伯兰的后裔雅各和他的众子从迦南地迁至埃及，到了第四代，其后裔又重归迦南地。

神说亚伯兰的后裔到了第四代必回到此地，并说"因为亚摩利人的罪孽还没有满盈"。

四代，这期间对以色列百姓而言，是信心成长，预备征服迦南地的过程。对当时生活在迦南地的各种族而言则是悔罪改过，蒙神怜恤的机会。

虽是外邦种族，神也不肯轻易消灭，照样按照公义报应他们。神可以提早借着以色列民征服迦南地，然而神按着公义，对他们恒久忍耐，恩准悔改的机会，直至他们恶贯满盈，破了公义的审判底线。

当然，起初迁至埃及的雅各的家眷共有70人，靠他们是难以征服迦南地的。于是神给雅各和他的后裔以形成强大族群的时间。况且从灵里讲，灭迦南地种族的时候还没有到。

因着神的公义和慈爱，亚摩利人获得了悔改的机会。然而，他们非但不回心转意，反而愈发恶贯满盈，到了第四代，便受到神公义的审判。神藉着以色列民刑罚他们，以色列民征服迦南的历史由此拉开了帷幕。

对以色列民而言，征服迦南是在神的祝福中凭信领取应许之地的美事，然而，对原住迦南地的诸多种族而言，是罪的报应，是严厉的审判。

神的作为尽都是善，凡事按公义的法则行事。神保守和赐福袛自己的儿女，是有前提条件的。神的儿女只要不给魔鬼、撒但留下控告的把柄，就不会遭受任何灾殃（箴言26章2节）。遇到难处，必有其因，就当省察自己，向神认罪悔改。

我们犯错，神不会轻易责打管教，就像对亚摩利人那样，给予醒悟已过，回心转意的机会。若不悔改，神不得不允准魔鬼、撒但的控告，叫人借此醒悟自己的过犯，得以悔改归正。这也是神爱我们的明证。

4. 我已赐给你的后裔，从埃及河直到幼发拉底大河之地

> 日落天黑，不料有冒烟的炉，并烧着的火把，从那些肉块中经过。当那日，耶和华与亚伯兰立约，说："我已赐给你的后裔，从埃及河直到幼发拉底大河之地，就是基尼人、基尼洗人、甲摩尼人、赫人、比利洗人、利乏音人、亚摩利人、迦南人、革迦撒人、耶布斯人之地。"（15章17-21节）

日落天黑的时候，亚伯兰看见冒烟的炉，并烧着的火把从那摆列的供物中经过。神借以表明：亚伯兰的献祭成为馨香之气，蒙神

悦纳。这样，神悦纳凭信心和赤诚并按祂的旨意而献的灵祭，叫人按其所蒙悦纳之量体验相应的恩惠。

与亚伯兰立约的那日，神指示亚伯兰说："我已赐给你的后裔，从埃及河直到幼发拉底大河之地……"就是指明应许之地迦南的境界。

这也是从前对亚伯兰所说"从你所在的地方，你举目向东西南北观看，凡你所看见的一切地，我都要赐给你和你的后裔，直到永远"这一约言的进一步确证。

神预言亚伯兰和其后裔将来必昌盛繁茂。而从现实看，亚伯兰当时还没有后嗣，周围都是强大的种族，亚伯兰势单力薄，根本无从相抗。然而，亚伯兰不但从神领受如此宏大的立约，且坚信对他的这一应许。

亚伯兰凭信心领受神的约言，毫无疑惑。因而到了时候，神的约言便得以实现。神向亚伯兰启示其后裔将来所得为业的应许之地和那里的异族居民的情况，具体指明他们将来的领土范围和疆界。

当时那地的土著居民包括基尼人、基尼洗人、甲摩尼人、赫人、比利洗人、利乏音人、亚摩利人、迦南人、革迦撒人、耶布斯人。

这势力错综根基牢固的众多种族据守的迦南地，不是单靠人力所能征服的，没有神的同在，必然徒劳无功。赶出那地的居民，获得那应许之地，需要倚靠神的大能，为此必须具有相应的信心。所以亚伯兰的后裔需要时间去预备这一信心。

迦南征服史表明：过约旦河，攻陷耶利哥城，逐一征服迦南地诸多种族，不靠信心绝难实现。

于是神要操练以色列民成为强大的族群，又培养他们的信心，能以完成征服迦南的大业，使以色列民经历四百年奴役和四十年旷野生活。

\# 拓展分享三

关于异象

经上描述亚伯兰在异象中与神交通。"异象"是指神在属肉的空间打开属灵空间的门,叫人瞬间得进属灵空间,体验各种属灵现象。又给人开启灵眼,开通灵耳,见闻属灵的事。但按照运用属灵空间的宽窄,呈现的果效会有所不同。

运用的属灵空间窄小,不会有感观上的太多体验,只是通过声音,如对话的形式来领受启示。属灵的空间在属肉的空间里展现,呈现光辉环绕的形状,有声音从中发出来。此时光辉的形状和从光里发出的声音,除了本人以外,旁人是看不到也听不到的。

当有人看异象的时候,周围的人只会看见他在祷告,但多少会出现心灵的感应。

运用的属灵空间宽广,感观上会有真实的体验,所见所闻如同身临其境。此时,神打开属灵空间,使人从多个角度见闻其中各种形状和情境。

约翰记录启示录的时候，正是通过灵眼看见各种异象，把所看见的和听见的记录了下来。此时人仿佛看见真实的画面，感觉自己身在其中。但那"宽广"的体验也分两种不同的层次，一是只能看到景象，一是在看到景象的同时，在所赐的灵感和悟性中，获得明晰的解释。

而且由于所展现的属灵空间的幅度宽广，可以获得不同方位和角度的感观体验，因此看到同样的情形，各人所解释的内容可能出现略微的差异。因此我们可以看到这样一种现象：多人灵眼开启看到同样的场面，但所讲的内容虽在整体脉络上基本一致，但细节上会出现略微的不同。我看见的，别人可能没看全；别人看见的，我可能没看清。

这样，人看异象也有不同的层次，这取决于运用属灵空间的宽窄。但不能因运用属灵空间宽和窄来衡量属灵水准的高低。神用宽窄两种不同方式呈现异象，是根据所要启示的内容来决定的。

"窄"比"宽"更能获得个人亲密的相交，而且还会成为体验更深属灵层次的途径。因为这种启示多是伴有对话形式的交通。总而言之，异象的"宽"是在看见具体景象的同时，通过所赐的灵感获得明晰的解释；而异象的"窄"是看见某种情景的同时，灵耳的开启，通过声音领受指示。

从圣经中可以看出，神指示将来的事或启示深层属灵奥秘时，多是通过声音来作工（但以理书7章1-2节、7章15-16节、9章21节；以西结书1章1节、1章28节)。

望读者能够分辨异象的不同形式,并要记住神无论采取哪种方式,都是最为合适的。

第五章

夏甲的怀胎和以实玛利的出生

撒莱将夏甲给亚伯兰为妾
夏甲怀孕引发之矛盾的解决方法
夏甲经历"看顾人的神"
亚伯兰八十六岁得子以实玛利

1. 撒莱将夏甲给亚伯兰为妾

> 亚伯兰的妻子撒莱不给他生儿女。撒莱有一个使女名叫夏甲，是埃及人。撒莱对亚伯兰说："耶和华使我不能生育，求你和我的使女同房，或者我可以因她得孩子（"得孩子"原文作"被建立"）。"亚伯兰听从了撒莱的话。于是亚伯兰的妻子撒莱将使女埃及人夏甲给了丈夫为妾。那时亚伯兰在迦南已经住了十年。(16章1-3节)

撒莱年过七十不得生育，由于得子心切，她请求亚伯兰娶她的使女为妾替她生子。撒莱未能专心向神交托仰望，顺着私欲出此一策。

撒莱与亚伯兰一同目睹和亲历神的作为，并且认识神。然而，和亚伯兰不同，撒莱未能建立"心里相信"的真实信心，其间的见闻经历，仅仅累积成她知识层面的信，而非发自内心的真诚的信。

今天也不例外。同样见闻和经历神的作为，信心成长的快慢却因人而异。有的人信心获得大幅长进，有的人则仍旧原地踏步，甚至倒退。

那么，出现这种差异的原因在哪里？体验了神的作工，应当破除自己的想法和观念，殷勤作成心里的割礼。每每感叹："神的作为真奇妙！"却只当作知识积累起来，无论见闻和经历多少神迹奇事，也无法从中获益，造就自己。

撒莱的信是知识上的信，凭她口中的话就能辨认出来。她说"耶和华使我不能生育，求你和我的使女同房，或者我可以因她得孩子"，自己不能生育，她认为是神的意思，把责任推给神。

从接下来的话，可以看出她是一个凡事随自己的想法而定且独行其是的人。为了得到孩子，她甚至可以把自己的使女给丈夫为妾。如此重要的事，她既没有预先向神求问，也没有跟丈夫商量。她擅自断定是神使她不能生育，还强求亚伯兰照她的计划行。

撒莱若是相信与亚伯兰同在的神，针对自己不能生育这个问题，该如何解决呢？

首先同丈夫探讨不能生育的原因，并且寻求明白神的旨意。而且跟丈夫商量以后应该怎样行。可是撒莱先主观断定神是如何的神，随即把自己的计划告知亚伯兰。不提前与丈夫商议，这叫独断专行，不仅违背属灵的次序，也违背属肉的次序。

若论属灵的次序，更具体地是撒莱理当先求问深明神旨意的亚伯兰。亚伯兰通过妻子被人夺去的熬炼，彻底醒悟动用人的想法和计策在神面前是何等愚妄之举，而且深深体会到其后果的严重性。然而，撒莱并没有把当时的教训铭刻在心，却反复地犯同样的错误。

撒莱无论作什么决定从来都是照自己的意思，并强加于人，任性而为。所思所想与神的旨意毫不相干，与亚伯兰的意愿背道而驰。但亚伯兰既没有指责撒莱的作法不合神的旨意，也没有规劝她耐心等候神，只是默然随从她的意思。这是为什么呢？

我们可以从中看出亚伯兰和撒莱之间品性的差异。从撒莱的举动，可以推知她向来固执己见，一意孤行。

亚伯兰十分清楚妻子的为人。即便亚伯兰表示反对，撒莱也不会收回自己的决定，仍必照自己的意思强行，任何的解释和规劝都将无济于事。

从亚伯兰把好地让给罗得的行为中可以看出他具有追求与众人和睦，尽量满足别人所求的品性。只要不涉及到罪，尽量顺应对方的意愿，具有"此可彼亦可"的豁达襟怀，并活出了"得理也让人"的谦和品性。

亚伯兰结出了和平之果，就顺着撒莱的意思行，并非出于私心或利欲的驱使，而是深知撒莱的为人，无论如何也要体贴撒莱的心意，维持和睦。

当然，这事如果不合神的旨意，或是神所禁止的，亚伯兰当然不会听从妻子的话。神没有拦阻此事，是因亚伯兰通过夏甲得以实玛利，也是神耕作人类这一宏大计划中的一环。

"那时亚伯兰在迦南已经住了十年",表明亚伯兰经过十年的经营,家业稳固,富足有余,一切和平安定。对战乱的记忆已渐渐模糊,正得享安定稳妥的生活时,亚伯兰身边发生了"夏甲事件"。

由于受熬炼时心无余力,此前撒莱对自己不能生育,心中没有太大的负担。可是当生活变得安稳时,她内心里关于后嗣的隐痛又渐渐冒头,于是撒莱顺着私欲想出一个对策,就是把自己的使女给亚伯兰为妾。

2.夏甲怀孕引发之矛盾的解决方法

> 亚伯兰与夏甲同房,夏甲就怀了孕。她见自己有孕,就小看她的主母。撒莱对亚伯兰说:"我因你受屈,我将我的使女放在你怀中,她见自己有了孕就小看我,愿耶和华在你我中间判断。"亚伯兰对撒莱说:"使女在你手下,你可以随意待她。"撒莱苦待她,她就从撒莱面前逃走了。(16章4-6节)

撒莱没想到,夏甲的怀孕会给自己带来麻烦和苦恼。撒莱以为她只是个使女,可以任她呼来唤去。谁知夏甲一怀孕,问题就出现了。

埃及女子夏甲虽然通过主人亚伯兰听闻关乎神的事,但她没有信到心里去,更没有按真理造就自己。当她知道自己怀了孕,心中潜藏的恶性就开始发作,公然藐视自己的主母撒莱。想要取代主母、凌驾其上的负恩忘本之心露了出来。

夏甲身为使女能够从主人亚伯兰怀孕，乃是因着撒莱的恩准。虽然撒莱的动机并非仁善，但对夏甲来说，撒莱毕竟是她的恩人。再说她虽然怀了亚伯兰的孩子，但其身份地位并没变。然而夏甲得意忘形，竟然小看自己的主母，其心之恶可见一斑。

因着此事，撒莱心中的恶也暴露出来。她抱怨亚伯兰说"我因你受屈"。此事明明是撒莱自己一手策划的，而看到事态的发展对己不利，却问罪亚伯兰。当初不跟丈夫商量，照自己的意思而行，结果出了问题，竟把一切责任全推到自己丈夫身上。

而且撒莱觉得自己恩待了夏甲，却反遭藐视，心里既窝囊又恼恨，就向夏甲宣泄怨怒。还说"愿耶和华在你我中间判断"，甚至借托神的名为自己辩护，意思说：神知道我平白无故所受的委屈。

亚伯兰对撒莱说："使女在你手下，你可以随意待她。"撒莱便苦待夏甲，夏甲被迫逃走。

事已至此，撒莱本应深省自己错在哪里，何处违背神的旨意，但她反而将一切归咎于他人。假如做了一件事，却引发了某种坏结果，我们应当谦卑省察自己，及时发现并改正错误。这样，失误反而成为我们发现自己欠缺和不足，获得更新，蒙神赐福的好机会。

那么，亚伯兰为何把夏甲交在撒莱手中，任其苦待她，使她被迫逃走。夏甲的态度虽有些过分，但看在夏甲怀了自己孩子的份上，亚伯兰是否应该规劝或说服撒莱不再苦待夏甲？而亚伯兰没有这样做。究竟何因?

亚伯兰作事从不动用人意计谋,而凡事交托于神的手中。在这件事上也不例外。亚伯兰身为一家之主,完全可以采取说服甚至命令的方式阻止撒莱以保护夏甲。但这不过是出于人意,是靠不住的。

假如亚伯兰靠人的想法去处理这件事,可以暂时止住她们之间的明争,但她们内心的怨恨是难以消除的。亚伯兰可以劝撒莱迁就,令夏甲认错,但这都于事无补。

亚伯兰深知这个道理,便将此事全然向神交托。他并没有仗着家长的权柄采取指示和命令的态度,而是遵着真理,将一切全然交在神的手中。

夏甲本是撒莱的使女,是属于撒莱的,故把她交给撒莱合情合理。结果夏甲不堪忍受撒莱的苦待而逃至旷野,但这反而成为化解矛盾的机会。按肉体看,事情似乎变得越来越复杂,但按灵里看,这反而是解决问题的开端。

3. 夏甲经历"看顾人的神"

> 耶和华的使者在旷野书珥路上的水泉旁遇见她,对她说:"撒莱的使女夏甲,你从哪里来?要往哪里去?"夏甲说:"我从我的主母撒莱面前逃出来。"耶和华的使者对她说:"你回到你主母那里,服在她手下。"又说:"我必使你的后裔极其繁多,甚至不可胜数。"并说:"你如今怀孕要生一个

儿子，可以给他起名叫以实玛利，因为耶和华听见了你的苦情（"以实玛利"就是"神听见"的意思）。(16章7-11节)

耶和华的使者在旷野向夏甲显现，对她说："撒莱的使女夏甲，你从哪里来？要往哪里去？" 提醒夏甲记住自己是撒莱的使女。又说："你回到你主母那里，服在她手下。"假如亚伯兰当初对夏甲说"你必须服在你主母撒莱手下"会怎样呢？夏甲一定是心不情愿，反而对亚伯兰抱屈怀怨。

然而，当耶和华的使者向她显现，亲口下达指示，夏甲这才甘心顺从。神不单指示她回去服从撒莱，又针对她要生的孩子赐予祝福的约言。如果只是叫她回去重新服侍主母，她心里仍有"回去又要忍受那种痛苦"的负担和忧虑，但因领受"我必使你的后裔极其繁多，甚至不可胜数"的祝福，夏甲能够在美好的盼望中甘心顺从神的话。

撒莱见夏甲在她面前逃走，心里有些着慌，对丈夫亚伯兰也产生了亏欠感。"我好像做得太过分了。她怀了我丈夫的孩子，万一出了事该怎么办……"想到这些，撒莱便开始省察自己。从而夏甲回来后，便不再像从前那样苦待她了。

当亚伯兰顺着真理，将一切全然向神交托，神便使万事都互相效力，化解了亚伯兰的家庭问题。这是因为神顾念祂自己所爱的仆人亚伯兰的心。

撒莱和夏甲之间的矛盾若是日趋深化,亚伯兰的心会是多么的伤痛!神顾念亚伯兰,就亲自动工为他排忧解难,使一切重归于好。

如今也有这样一群人,无论什么事都按自己的主见和谋算一意孤行;面对问题就试图凭自己的权柄和能力来解决。他们独行其是,经常伤人感情,打破和睦,所谋的事也终以失败收场。

然而,聪明的人会像亚伯兰那样,将一切向神交托仰望。这样的人,神必使万事都互相效力,使他们凡事顺利、亨通。

4.亚伯兰八十六岁得子以实玛利

> "他为人必像野驴。他的手要攻打人,人的手也要攻打他。他必住在众弟兄的东边。"夏甲就称那对她说话的耶和华为"看顾人的神"。因而说:"在这里我也看见那看顾我的吗?"所以这井名叫庇耳拉海莱。这井正在加低斯和巴列中间。后来夏甲给亚伯兰生了一个儿子,亚伯兰给他起名叫以实玛利。夏甲给亚伯兰生以实玛利的时候,亚伯兰年八十六岁。
>
> (16章12-16节)

神向夏甲指示关乎她将来要生的儿子以实玛利的预言。"他为人必像野驴",表示在恶劣的环境中开拓生活。意味着其人生道路坎坷不平,要靠自己的双手去打拼,开拓领地,建立家园。

在此过程中"他的手要攻打人,人的手也要攻打他",就是说在与外族的互相侵犯，互相争斗中谋求生路。"他必住在众弟兄的东边"是指明他将来生存的领地。

神与亚伯兰立约的传承正统世系的后嗣是以撒，而非以实玛利。所以以实玛利不能与应许之子以撒同居共处并同享神的恩福。神虽然顾念亚伯兰而恩待以实玛利，但仍使他远离应许之地，在神所指定的领地开拓自己的家园。

经不起撒莱的虐待而逃到旷野的夏甲，从耶和华的使者领受应许之后，将神称作"看顾人的神"。因为她感受到神无微不至的看顾和保守，并感悟到"虽是婢女却仍顾念其后嗣"的神恩慈的心怀。夏甲自从感悟到"看顾人的神"，开始诚然信神，渐渐造就了服侍人的品德。

这里要明白的是，神施恩与夏甲和其子以实玛利，终归是因顾念亚伯兰的缘故。亚伯兰通过夏甲得子以实玛利，本不是出于神的意思，而是出于人的想法。尽管如此，神因着义人亚伯兰的缘故，也将约言赐给以实玛利，作成了和睦的工作。

第六章

神的永约与其印记——割礼

你当在我面前作完全人

你要作多国的父

奉行割礼得立约的证据

预告以撒的出生

正当那日家里的一切男子同受割礼

1. 你当在我面前作完全人

> 亚伯兰年九十九岁的时候，耶和华向他显现，对他说："我是全能的神，你当在我面前作完全人，"（17章1节）

神在亚伯兰年九十九岁时，再次向他显现，旨在成就以前与亚伯兰所立的约，使亚伯兰为此作好充分的预备。

这在"耕作人类"史上是一个十分重要的事件。因而神没有以差遣使者或以声音默示的方式，而是亲自向亚伯兰显现，向他说话。

神先对亚伯兰说"我是全能的神，你当在我面前作完全人"。亚伯兰年七十五岁的时候，神呼召他，并通过多次熬炼，炼净他，造就他，使他的信心不断成长，以至完备。而此时，又对亚伯兰强调说"你当在我面前作完全人"。因为要作"信心之父"必须无有瑕疵，无可指摘。

圣经中那些信仰的楷模古人先知，他们蒙神重用和赐福之前，都经历了预备相称的器皿，得神肯定的过程。那么，预备合神使用的器皿最关键的要求是什么？那就是照神对亚伯兰所说的，作一个完全人。即模成神的形像，成为圣洁，无有瑕疵、无可指摘。

在旧约时代，这话意味着行为的完全，而在新约时代，就是领受圣灵。作成内心割礼的圣灵时代，也包括内心的全然成圣。但这不是说在旧约时代，人们可以不作心里的割礼。不论旧约还是新约，神所注重的不外乎心里的割礼。

申命记30章6节："耶和华你神必将你心里和你后裔心里的污秽除掉，好叫你尽心、尽性爱耶和华你的神，使你可以存活。"从这节经文也可以看出神注重心里的割礼。"除掉心里的污秽"就是作成心里的割礼，作成心里的割礼，才能做到尽心尽性爱神，并由此得着属灵的生命。

这才是神藉着耕作人类所要得到的真正意义上的儿女，神就是要将这样的儿女领进那荣美的天国。亚伯兰深晓神的旨意，不仅在行为上，在心灵上也追求完全。

因此，神说"你当在我面前作完全人"，不单指外在行为的完全，而是诚心与行为并行的完全。行为固然重要，但更重要的是内心的圣洁。然而，只要提到行为的重要性，有的人就断定是律法主义。但圣经分明是注重内心的同时也强调行为的重要性。

当亚伯兰通过了献独子以撒这一信心考验的最后一关时，神祝福亚伯兰，并说："因为你听从了我的话。"对此，雅各书2章21-22

节说:"我们的祖宗亚伯拉罕把他儿子以撒献在坛上,岂不是因行为称义吗?可见信心是与他的行为并行,而且信心因着行为才得成全。"

2.你要作多国的父

"我就与你立约,使你的后裔极其繁多。"亚伯兰俯伏在地,神又对他说:"我与你立约,你要作多国的父。从此以后,你的名不再叫亚伯兰,要叫亚伯拉罕,因为我已立你作多国的父。
我必使你的后裔极其繁多,国度从你而立,君王从你而出。我要与你并你世世代代的后裔坚立我的约,作永远的约,是要作你和你后裔的神。我要将你现在寄居的地,就是迦南全地,赐给你和你的后裔,永远为业。我也必作他们的神。"
(17章2-8节)

神与亚伯兰立下这一重约,并说"从此以后,你的名不再叫亚伯兰,要叫亚伯拉罕",亲自赐给亚伯兰一个新名——亚伯拉罕。

"亚伯拉罕"本意是"众人之父",这里称作"多国的父",表示通过信心之父亚伯拉罕,将来要兴起无数信道的后裔。

神向亚伯拉罕承诺要使他的后裔极其繁多,数不胜数,又使君王从他后裔而出。接着说:"我要与你并你世世代代的后裔坚立我的约,作永远的约,是要作你和你后裔的神。我要将你现在寄居的地,就是迦南全地,赐给你和你的后裔,永远为业。我也必作他们的神。"

这意味着神要照与亚伯拉罕所立的约,直至世界的末了,在整个人类历史过程中,掌管一切,引领一切;神将因着与亚伯拉罕所立的约,直至耕作人类的工程完结,不丢弃以色列民族,要作他们的神。

3.奉行割礼得立约的证据

> 神又对亚伯拉罕说:"你和你的后裔必世世代代遵守我的约。你们所有的男子都要受割礼,这就是我与你,并你的后裔所立的约,是你们所当遵守的。你们都要受割礼("受割礼"原文作"割阳皮"。14、23、24、25节同),这是我与你们立约的证据。你们世世代代的男子,无论是家里生的,是在你后裔之外用银子从外人买的,生下来第八日,都要受割礼。你家里生的和你用银子买的,都必须受割礼。这样,我的约就立在你们肉体上,作永远的约。但不受割礼的男子,必从民中剪除,因他背了我的约。"(17章9-14节)

神与亚伯拉罕立约,同时命人受割礼,作为立约的证据。神说:"你们所有的男子都要受割礼,这就是我与你,并你的后裔所立的约,是你们所当遵守的。"

凡照着神的吩咐作割礼的人,神的约言在他们身上必起功效。即使神赐下祝福的应许,人若不凭着信心来领受,便是毫无益处了。于是神叫人显出信心的凭据,这便是割礼。

"割礼"是指割除男子部分阴茎包皮的仪式。神命所有的男子在出生第八日受割礼。此后以色列百姓谨守这一命令,甚至在安息日也必遵行割礼(约翰福音7章22-23节)。

那么,神命人行割礼的旨意是什么?就是叫信神的人在神面前用行为显出自己的信心。有信必有行,神将"割礼"作为人有信的证据。割礼是人向神表示凡事遵照神言而行的誓约;割礼是人对神信仰的凭据,是信守神道的誓约(加拉太书5章3节;罗马书2章25-26节)。

神甚至叫那些用银子从外人手中买的男子也要受割礼。"你们世世代代的男子,无论是家里生的,是在你后裔之外用银子从外人买的,生下来第八日,都要受割礼。"这表明救恩不独赐予以色列民族,而指天下万国万族中一切受割礼的,就是一切得与神约言有份的人,都能与神的救恩有份。

不论是以色列百姓,还是外邦人,凡受割礼的,按灵意说都是得与神约言有份,即跨进了救恩的门槛。可见人领受救恩,取决于是否得与神的约言有份,而受肉身的割礼与否并不重要。

凡接待耶稣作个人的救主,获得作神儿女的权柄,遵行神道的人,都能领受救恩。神立亚伯兰作"多国的父",意在使亚伯拉罕作万国万族中信道之人的鼻祖。

神说:"不受割礼的男子,必从民中剪除,因他背了我的约。"人与人之间的立约,只有一方签字盖印,是不产生法律效力的。神与我们立约也是同理,必须要有双方的"印记",才能完全起效。

行割礼,便是我们的"印记"。不受割礼的人与神毫不相干,必在神面前剪除。那么,现今的我们当如何受割礼?

歌罗西书2章11节说:"你们在他里面,也受了不是人手所行的割礼,乃是基督使你们脱去肉体情欲的割礼。"人若相信耶稣为了代赎我们的罪而被钉死在十字架上,理当显出信心的凭据来,就是远离罪污,行出真道,更新心意,活出全新的形像。

"我经常去教会","我担当某种职任","我忠心侍奉",这些仅仅是表示基督徒身份的表面印记——"肉身的割礼"。神要的是我们"心里的割礼",就是离弃罪恶,造就灵心,以主的心为心,模成神的形像。

故我们爱神不能只在言语和舌头上,作挂名基督徒,而当以行为和诚实,活出真实的爱(约翰一书3章18节),就是要以真诚的心,行出神的道,证明自己是蒙恩得救的天国子民,爱神敬神的真儿女。

4.预告以撒的出生

> 神又对亚伯拉罕说:"你的妻子撒莱,不可再叫撒莱,她的名要叫撒拉。我必赐福给她,也要使你从她得一个儿子。我要赐福给她,她也要作多国之母,必有百姓的君王从她而出。"亚伯拉罕就俯伏在地喜笑,心里说:"一百岁的人还能得孩子吗?撒拉已经九十岁了,还能生养吗?"亚伯拉罕对神说:"但愿以实玛利活在你面前。"
>
> 神说:"不然,你妻子撒拉要给你生一个儿子,你要给他起名叫以撒。我要与他坚定所立的约,作他后裔永远的约。至于以实玛利,我也应允你,我必赐福给他,使他昌盛极其繁多。他必生十二个族长,我也要使他成为大国。到明年这时节,撒拉必给你生以撒,我要与他坚定所立的约。"神和亚伯拉罕说完了话,就离开他上升去了。(17章15-22节)

神不仅给亚伯兰更名为亚伯拉罕,也给撒莱更名为撒拉,意为"多国之母"。并祝福撒拉说她必生一个儿子,她要成为多国之母,百姓的君王从她而出。

撒拉能够得蒙如此惊人的祝福,乃是因着亚伯拉罕的缘故。当然,蒙神赐福,须由本人付出预备器皿的努力。但也有例外,就像撒拉那样,只因与义人同居的缘故而得蒙神的祝福。

亚伯拉罕听神说撒拉要给他生一个儿子的时候，有了一个似乎让人感到意外的反应，亚伯拉罕就俯伏在地喜笑，心里说："一百岁的人还能得孩子吗？撒拉已经九十岁了，还能生养吗？"

照字面意义去理解，很容易让人对亚伯拉罕喜笑的动机产生误解，以为他是自嘲年纪老迈。实际上他是因喜悦而笑。

这里亚伯拉罕心里说："一百岁的人还能得孩子吗？撒拉已经九十岁了，还能生养吗？"其实是他对神的全知全能更加确信和由衷赞颂，是内心真诚的信仰告白。

按常理来说，年迈的夫妻生子是不可能的事。然而，亚伯拉罕仍然坚信全能的神没有难成的事，祂必成就此事。

对此罗马书4章18-20节说："他在无可指望的时候，因信仍有指望，就得以作多国的父，正如先前所说：'你的后裔将要如此。'他将近百岁的时候，虽然想到自己的身体如同已死，撒拉的生育已经断绝，他的信心还是不软弱；并且仰望神的应许，总没有因不信，心里起疑惑，反倒因信，心里得坚固，将荣耀归给神。"

经上说亚伯拉罕听到撒拉要为他生子的信息时喜笑，"喜笑"便是"喜悦而笑"。

从神领受关乎后嗣的应许之后，过了许多岁月，亚伯拉罕仍旧坚信神的应许必定成就。并且知道夏甲所生的以实玛利不是应许之子。

而当此时，神给撒莱更名，并承诺要赐给他们一个儿子时，亚伯兰心里感悟到神的约言成就的时候到了，因心里喜乐，便笑了出来。

故亚伯拉罕说："一百岁的人还能得孩子吗？撒拉已经九十岁了，还能生养吗？"这话并非因觉得不可能而表示否定，而是包含着"现实虽然如此，然而神必能成就此事"的信念。

第18节说"但愿以实玛利活在你面前"，这是什么意思呢？有的人解释为"我已经老了，再也没有生子的希望，但愿我儿子以实玛利好好活在神面前"。但这是错误的解释。

如果亚伯拉罕的信心是这种正面否定神圣言的程度，神当初绝不会选上他，更不会允准他得到应许之子。

然而亚伯拉罕一点也不疑惑，心里坚信神必赐他所应许的儿子。至于"但愿以实玛利活在你面前"这话的意思，乃是：但愿以实玛利也活在你的恩典之中。为人父母者，应该能理解亚伯拉罕此时的心情。

以实玛利虽不是应许之后嗣，但对亚伯拉罕来说，也是他所疼爱的宝贝儿子。亚伯拉罕知道神将来要通过应许之子成就祂的旨意，又藉着那应许之子代代传承神选民的正统性，但不会因此而冷落以实玛利。

因而在领受关乎自己后嗣的约言时，他提到以实玛利，并向神交托。"求神记念将来要生的那应许之子，也要顾念我儿以实玛利，祝福他也能够时常活在您的恩典之中"——这是一种父亲对儿子深切怜爱的恳求。

神说:"不然,你妻子撒拉要给你生一个儿子,你要给他起名叫以撒。我要与他坚定所立的约,作他后裔永远的约。"神指示亚伯拉罕给将来要生的儿子起名叫以撒,且表示要与以撒坚定所立的约,作他后裔永远的约。

这里神说"不然",不是拒绝亚伯拉罕为以实玛利所作的请求,而是表示神的约言不是通过以实玛利,而是通过撒拉所生的以撒成就。可见神屡次提到应许之子以撒,强调神在他身上的旨意。

然后提到以实玛利说:"至于以实玛利,我也应允你,我必赐福给他,使他昌盛极其繁多。他必生十二个族长,我也要使他成为大国。到明年这时节,撒拉必给你生以撒,我要与他坚定所立的约。"

以实玛利虽不是应许之子,但他是属亚伯拉罕的,所以神也恩准他和他的后代子孙繁荣昌盛。神针对以实玛利"他必生十二个族长,我也要使他成为大国"的应许,后来在历史上如实应验(创世记25章13-16节)。

接着说"到明年这时节,撒拉必给你生以撒,我要与他坚定所立的约",表明应许之子所出生的具体时节。即将来要拣选应许之子以撒的后裔为神的选民,并具体指明以撒的出生之时。

向亚伯拉罕显现,祝福他并与他立约的神,说完了话就离开亚伯拉罕上升去了。从亚伯拉罕与神之间的对话内容,可以看出神对亚伯拉罕细致入微的引导和诚然兑现约言的信实属性。

这样,每到关键时刻,神亲自向亚伯拉罕显现,或通过异象传递圣言,指引他的道路。亚伯拉罕专心依靠神随时的引导,凭着完全的信,作出绝对的顺从,从而凡事得胜有余。

5.正当那日家里的一切男子同受割礼

> 正当那日,亚伯拉罕遵着神的命,给他的儿子以实玛利和家里的一切男子,无论是在家里生的,是用银子买的,都行了割礼。亚伯拉罕受割礼的时候年九十九岁。他儿子以实玛利受割礼的时候年十三岁。正当那日,亚伯拉罕和他儿子以实玛利一同受了割礼。家里所有的人,无论是在家里生的,是用银子从外人买的,也都一同受了割礼。(17章23-27节)

领受神的应许后,亚伯拉罕即刻顺从神,表现出他对神的真诚之信:连自己带儿子以实玛利,包括家里的一切男子,都受了割礼,以此体现出完全的信。无论是在家里生的,还是用钱买的,统统行了割礼,在神面前作出了彻底的顺从。

当时亚伯拉罕年九十九岁,以实玛利年十三岁。亚伯拉罕是在当日给众人行了割礼,并没有以种种借口或理由拖延推迟。

从现实上看,家里的男子同时受割礼,是非常繁琐,而且是十分危险的事情。受了割礼,由于肉体痛楚而至少数日行动不便,万一遭到外族攻击,便毫无还击之力。

照人的想法,最理智的作法是:分批进行,有备无患;或者充分考察周围境况后,选择合适的日子再行割礼。但是亚伯拉罕没有想过任何借口和理由,没有动用人的计谋策略,而一心遵着神的指示,当天就给家中所有的男子行了割礼。

亚伯拉罕听了神的话,不动用人意,只凭着信心,即刻顺从,从而得称为信心之父,神也能够藉着亚伯拉罕成就祂自己的旨意。从公义的角度看,亚伯拉罕作为神合用的器皿,具备了得神重用的完美资质。

"我在父面前
愿尽显完全的信心，
但偶尔动用己意，
然而父依然爱我，总要给我开一条出路，
使我在所行的路上常蒙您的引导，悉心研磨、精炼、雕琢我。

父的精雕细琢，造就我完全，
我心深处对父的感恩日增月盛，
看待万事，
不再以现实的眼光，
乃是以父的心、父的目，
感谢您造就我这般心境！

所以，今日得获资财丰盛，
享有尊荣，远播美名，
使父的荣耀在我身上尽显，
使我的名得万人的称颂，
儿女给我增添喜乐，将感谢归于您。"

第二部
牺牲与顺服
成神朋友的途径二

第二部

真实的信,
体现在即使神吩咐我们作与我们的观念相反的事,
也能相信其中必有神的美意,并遵其而行。
进而领悟神的美意,体贴神深奥的心意,
完全行在神的心意上,
这就是超越顺从的一种顺服的境界。
亚伯拉罕达到这种顺服的境界时,神就称他为朋友。

第七章

我所要作的事岂可瞒着亚伯拉罕

在幔利橡树那里显现的三个人
耶和华岂有难成的事吗
预告所多玛和蛾摩拉的毁灭
按公义而献上出于爱心的中保祷告

1. 在幔利橡树那里显现的三个人

耶和华在幔利橡树那里，向亚伯拉罕显现出来。那时正热，亚伯拉罕坐在帐棚门口，举目观看，见有三个人在对面站着。他一见，就从帐棚门口跑去迎接他们，俯伏在地，说："我主，我若在你眼前蒙恩，求你不要离开仆人往前去。容我拿点水来，你们洗洗脚，在树下歇息歇息。我再拿一点饼来，你们可以加添心力，然后往前去。你们既到仆人这里来，理当如此。"他们说："就照你说的行吧！"
亚伯拉罕急忙进帐棚见撒拉，说："你速速拿三细亚细面调和作饼。"亚伯拉罕又跑到牛群里，牵了一只又嫩又好的牛犊来，交给仆人，仆人急忙预备好了。亚伯拉罕又取了奶油和奶，并预备好的牛犊来，摆在他们面前，自己在树下站在旁边，他们就吃了。（18章1-8节）

亚伯拉罕在位于耶路撒冷西南部的希伯伦定居的时候，耶和华在幔利的橡树那里，再次向亚伯拉罕显现。这天，约午正时分，天正热的时候，亚伯拉罕坐在帐篷门口，看见三个人在对面站着。

亚伯拉罕急忙跑去，俯伏在地迎接他们。恳请他们留下来洗洗脚，在树下歇息，享用预备的饮食，加添心力再赶路。三人欣然领了亚伯拉罕的诚意。而在此处，我们会发现亚伯拉罕待这三人的言谈和举动很不寻常：态度谦卑有加，服侍精诚之至。

当时由于人口稀少，客店罕有的缘故，把远方来的客旅接到家里提供食宿，热情款待，成为当地的一种风俗。像亚伯拉罕这样心地良善又乐于施舍的人，接待客旅何尝不是一件平常事。

但从亚伯拉罕的言谈和举动中可以看出，服侍这三人远远超出寻常程度。亚伯拉罕吩咐妻子撒拉拿细面调和作饼，又亲自跑到牛群里，牵了一只肥嫩的牛犊来，交给仆人宰杀。而且亲手摆上预备好的美食，自己又站在旁边，恭敬伺候。

亚伯拉罕是大富户，是能打败联军的势力强大的族长。从属灵方面看，他又是蒙神的厚爱、信任和保障的尊贵的神人。而亚伯拉罕见到这三位客旅，竟然匆忙跑去，俯伏下拜，又请到家里，用美味招待，甚至用餐的时候，还站在旁边侍立恭候，更是尊之为"我主"，降卑自己甘为仆人。

更诧异的是三个人对亚伯拉罕的态度。他们以对待下人的口吻问亚伯拉罕说："你妻子撒拉在哪里？"看似素有交情。

那么，亚伯拉罕如此恭敬服侍的这三个人究竟是何等身份？

从亚伯拉罕和三人的对话情节中，我们可以找到获知他们身份的依据。

根据13节"耶和华对亚伯拉罕说"这一段，可以确定三人中一位是耶和华神。那么，与耶和华神同行的那两个人又是谁呢？第22节记述耶和华神继续与亚伯拉罕对话，同行的那两个人转身向所多玛去了。

再看创世记19章1节："那两个天使晚上到了所多玛。罗得正坐在所多玛城门口，看见他们，就起来迎接，脸伏于地下拜，"

可以看出与耶和华神同行的二人是天使，罗得一眼就认出他们，表明罗得以前也见过他们。能陪同耶和华神降到人间的天使，其身份地位之高，可想而知。他们正是随身伺候神的两位天使长。

这天向亚伯拉罕显现的三人正是耶和华神和伺候神的两位天使长。亚伯拉罕一眼就认出了他们，遂以至诚的心接待他们。罗得见了他们，照样也立刻认了出来。

那么，亚伯拉罕和罗得是如何一眼认出以人的形像显现的神和两位天使长？答案就在从前亚伯兰杀败联军，营救罗得归来时得见麦基洗德的事件中（创世记14章）。

当时亚伯兰所得见的麦基洗德，就是圣灵以人的形像显现的。此次向亚伯拉罕显现的，也是化作人形的圣灵。

亚伯拉罕因为曾经得见这位以麦基洗德的形像显现的圣灵，所以再次显现的时候，立刻就认出来。同时也认出了同行的二人，因为从前圣灵以麦基洗德的形像显现的时候，也是由这两位天使长陪同随行。

罗得与两位天使长相识，是因为预知未来的神在亚伯兰得见麦基洗德时，使罗得开了灵眼看见当下的情景。当时罗得近距离得见麦基洗德和同行的两位天使长。

2.耶和华岂有难成的事吗

> 他们问亚伯拉罕说："你妻子撒拉在哪里？"他说："在帐棚里。"三人中有一位说："到明年这时候，我必要回到你这里，你的妻子撒拉必生一个儿子。"
> 撒拉在那人后边的帐棚门口也听见了这话。亚伯拉罕和撒拉年纪老迈，撒拉的月经已断绝了。撒拉心里暗笑，说："我既已衰败，我主也老迈，岂能有这喜事呢？"耶和华对亚伯拉罕说："撒拉为什么暗笑，说：'我既已年老，果真能生养吗？'耶和华岂有难成的事吗？到了日期，明年这时候，我必回到你这里，撒拉必生一个儿子。"撒拉就害怕，不承认，说："我没有笑。"那位说："不然，你实在笑了。"（18章9-15节）

这段经文显示出神此次向亚伯兰显现的目的，就是要告知亚伯拉罕的妻子撒拉生产应许之子的时节。

当时亚伯拉罕和撒拉年纪老迈，撒拉的月经已断绝。因而撒拉听了神的应许，心里暗笑，说："我既已衰败，我主也老迈，岂能有这喜事呢？"乍一听，这话好像跟亚伯拉罕曾说的"一百岁的人还能得孩子吗？撒拉已经九十岁了，还能生养吗"（创世记17章17节）差不多。但亚伯拉罕当时的心境和撒拉是截然不同的。

亚伯拉罕的笑，是因领悟神兑现约言的时候已到而发出的喜笑。而且亚伯拉罕所表达的是由衷的信仰告白，意思是"在人不能，在神凡事都能"。

撒拉的话则恰恰相反，是出于肉体的意念，是疑惑神的大能，暴露出自己的不信。神对亚伯拉罕说"撒拉为什么暗笑，说：'我既已年老，果真能生养吗？'"又说："耶和华岂有难成的事吗？到了日期，明年这时候，我必回到你这里，撒拉必生一个儿子"。重复提到约言实现的时候。

撒拉知道神看透她的心思，感到害怕便谎称"我没有笑"。人能瞒得过人，岂能瞒得过神！神说："不然，你实在笑了。"撒拉哑口无言。

3. 预告所多玛和蛾摩拉的毁灭

> 三人就从那里起行，向所多玛观看，亚伯拉罕也与他们同行，要送他们一程。耶和华说："我所要作的事岂可瞒着亚伯拉罕呢？亚伯拉罕必要成为强大的国，地上的万国都必因

他得福。我眷顾他,为要叫他吩咐他的众子和他的眷属遵守我的道,秉公行义,使我所应许亚伯拉罕的话都成就了。"耶和华说:"所多玛和蛾摩拉的罪恶甚重,声闻于我。我现在要下去,察看他们所行的,果然尽像那达到我耳中的声音一样吗?若是不然,我也必知道。"(18章16-21节)

两位天使长离开那里向所多玛和蛾摩拉去后,神与亚伯拉罕进行对话。神说:"我所要作的事岂可瞒着亚伯拉罕呢?"并向他指示将来的事。

神信任亚伯拉罕,甚至将奥秘的事向他显明。这种亲密关系的成形,并非一夕之间。随着亚伯拉罕经过熬炼,破除肉体的意念,更加专心信靠仰赖神,神对亚伯拉罕的信任也相应加深。

亚伯拉罕胜过一次又一次的信心考验,证明了自己对神信仰的纯正,有了神完全信任他的明证——得称为神的朋友。

神向亚伯拉罕应许说:"亚伯拉罕必要成为强大的国,地上的万国都必因他得福。"重申与亚伯拉罕所立的约必定成就。进而提到将来通过亚伯拉罕的眷属所要成就的事。不过,要使神所应许的话成就,人必须满足相应的条件。

正如神说"我眷顾他,为要叫他吩咐他的众子和他的眷属遵守我的道,秉公行义,使我所应许亚伯拉罕的话都成就了",表明神的约言惟独通过遵守神道的人成就。

亚伯拉罕是最合适的人选。神要显明亚伯拉罕是怎样因信遵行神道，叫后世的人效法亚伯拉罕，成为合神重用的器皿，成就神的旨意。总之，神藉着遵行祂命令的人成就祂的圣工。

神向亚伯拉罕指示这一重要约言之后，转而提到所多玛和蛾摩拉，说："所多玛和蛾摩拉的罪恶甚重，声闻于我。我现在要下去，察看他们所行的，果然尽像那达到我耳中的声音一样吗？若是不然，我也必知道。"这里包含三种深意：

第一是神虽然参透一切，却仍再次慎重察验，使审判的结果公平公义，毫无差错。因为所多玛和蛾摩拉将面临的审判，关乎毁灭性的巨大灾难，所以神要亲临现场，仔细考察，使得审判分毫无误。

第二是要使亚伯拉罕铭记罪的危害有多大、应该怎样警惕罪恶。祝福的约言虽已赐给亚伯拉罕，但为了使这应许全然成就，其后裔不能重蹈所多玛和蛾摩拉的覆辙。神要使亚伯拉罕和他后裔铭记所多玛和蛾摩拉毁灭的教训，作为鉴戒，时常警醒自守。

第三是预先对亚伯拉罕告知所多玛和蛾摩拉的毁灭，好为其侄儿罗得预备得救的途径。亚伯拉罕得知所多玛和蛾摩拉行将毁灭的消息时，首先想到的是谁呢？当然是那使他时常牵肠挂肚的侄儿罗得。罗得所住的所多玛城面临毁灭的境地时，亚伯拉罕更是担心罗得，更加恳切为他祈求。

照灵界的法则，我们若想得蒙应允，务要向神祈求。凭着爱心和信心所献的祷告，即义人的祷告是大有功效的（雅各书5章16节）。神告诉亚伯拉罕，所多玛将受审判，好使亚伯拉罕顾念罗得，为他祈求。以便照亚伯拉罕所求的，为罗得开出一条得救之路。

神记念亚伯拉罕，一直到最后将得救的机会留给罗得和其眷属。按肉体看，这似乎有些不公平，但按灵里说，这是神公义的体现。神的公义因爱而完全，他们获得这一机会正是由于此因。

所多玛和蛾摩拉罪恶甚重，以至于不能饶恕的地步，然而神却不肯速速剿灭他们，而差遣圣灵实地察看，或能找到什么依据来，使他们免遭灭杀。

三位一体的神兼具人性和神性，圣灵在人性方面比神性更为凸出，眷顾、抚慰、体恤和施恩的属性更盛。于是神差遣圣灵亲临所多玛和蛾摩拉城中，更从人性层面察看那里人民的景况，尽量要给予蒙恩得救的机会。

4. 按公义而献上出于爱心的中保祷告

> 二人转身离开那里，向所多玛去，但亚伯拉罕仍旧站在耶和华面前。亚伯拉罕近前来说："无论善恶，你都要剿灭吗？假若那城里有五十个义人，你还剿灭那地方吗？不为城里这五十个义人饶恕其中的人吗？将义人与恶人同杀，将义人与恶人一样看待，这断不是你所行的。审判全地的主岂不行公义吗？"

耶和华说:"我若在所多玛城里见有五十个义人,我就为他们的缘故饶恕那地方的众人。"亚伯拉罕说:"我虽然是灰尘,还敢对主说话。假若这五十个义人短了五个,你就因为短了五个毁灭全城吗?"他说:"我在那里若见有四十五个,也不毁灭那城。"亚伯拉罕又对他说:"假若在那里见有四十个怎么样呢?"他说:"为这四十个的缘故,我也不作这事。"亚伯拉罕说:"求主不要动怒,容我说,假若在那里见有三十个怎么样呢?"他说:"我在那里若见有三十个,我也不作这事。"亚伯拉罕说:"我还敢对主说话,假若在那里见有二十个怎么样呢?"他说:"为这二十个的缘故,我也不毁灭那城。"亚伯拉罕说:"求主不要动怒,我再说这一次,假若在那里见有十个呢?"他说:"为这十个的缘故,我也不毁灭那城。"耶和华与亚伯拉罕说完了话就走了;亚伯拉罕也回到自己的地方去了(18章22-33节)

为所多玛和蛾摩拉将受的刑罚,亚伯拉罕小心谨慎地求问神:"无论善恶,你都要剿灭吗?假若那城里有五十个义人,你还剿灭那地方吗?不为城里这五十个义人饶恕其中的人吗?"

神允诺说:若见有五十个义人,就饶恕那地方的众人。亚伯拉罕继续求神恩准饶恕,接着提到四十五个人,又四十个人,三十个人,二十个人,以至十个人,而神都一一允诺。然而令人痛惜的是,这所多玛城里居然连十个义人都没有。

亚伯拉罕壮着胆,向神一连五次改口为所多玛城恳求。因为亚伯拉罕深知神愿万人得活的心肠。

救尼尼微百姓于灭亡危机的事件,正是神这一慈心的真实写照。尼尼微是与以色列为敌的亚述国的首都,他们败坏堕落,罪恶甚重,达到神面前。

然而,神不肯轻易灭绝他们,而差遣先知约拿到他们中间宣告将临的灾祸,使他们获得悔改的机会。结果尼尼微的君王和百姓一同披麻降卑,禁食祷告,认罪悔改,神就转意不把所说的灾祸降与他们了。这样,神以公义为原则,在爱中行事。

那么,创世记18章里为何指着"圣灵"叫"耶和华神"呢?

圣经所记录的神对人类的耕作历史分三个部分,包括圣父主导和引领的时代、圣子耶稣降世为人开展救赎圣工的时代和圣灵运行作善工的时代。

旧约圣经中多处记载圣父以耶和华神的名作工的情形。或亲自以声音、异象向人指示圣言,或差遣使者成就圣工。当然,至今耕作人类的一切圣工,都是由圣父主导和引领的。而旧约时代圣父作为主体,亲自统领整个圣工。

后有圣子耶稣降到世间,成就救赎圣工,主复活升天后又由圣灵交接末时圣工。直至主再来接我们到天家的那日,是属于圣灵开展善工的时代。

并不是说旧约时代由圣父独作圣工，主和圣灵一旁默然视之，或在圣灵时代，圣父和圣子只是坐以观望。

而是三位一体的神始终合一同工，旧约时代，主和圣灵随时协助圣父的工作。如今圣灵时代，圣父和圣子也照样活泼作工。只是每个时代，三位一体的神分别作为圣工的主体，并以各自的名开展工作。

因此在旧约时代，主和圣灵多以耶和华神的名作工。照样在圣灵时代，圣父和圣子也多以圣灵的名作工。

把为审判所多玛和蛾摩拉而降临的圣灵指称为耶和华神，也是出于这一缘由。此时圣灵来，乃是奉圣父的旨意，故以耶和华神代称。

拓展分享四

"见有三个人"的蕴意

圣经没有指着降临地上的圣灵和两位天使长说"亚伯拉罕见了神的天使",而说是"见有三个人",原因是什么?是要揭晓神当时向亚伯拉罕显现的方式和状貌。

神向亚伯拉罕显现有多种方式:或通过异梦或异象,或通过声音,或以麦基洗德的形像。神开启属灵的空间使身在属肉空间的亚伯拉罕经历属灵的事。

若想与在属灵空间的神进行灵性交感,并听见神的声音,须灵眼和灵耳得以开启。比如说,没有开启灵眼的人,同灵眼开启的人在一处,虽不能一道经历属灵的事,但或能感知一些属灵气韵。

不过,神和两位天使长为察验所多玛和蛾摩拉而显现的方式跟以前不同。就是不同于在属肉空间里开启属灵空间的方式,而是直接显现在属肉的空间。就是置身有限的属肉空间而显现。

好比以前是通过视频见到神的形像，而这次是在现实中看到神的形像。在这种情况下，未开灵眼的人也能见到神的形像，仿佛看人一样。

亚伯拉罕所见到的正是置身属肉空间并以人的形像显现的神和两位天使长，于是描述为"见有三个人"。其实亚伯拉罕当时所见到的不单是三个人的形像，而是在灵眼开启的状态下看见置身属肉空间的形像和原本的形像，即灵性的形像。

那么，神携同两个天使长以人的形像降到这地上的理由是什么？是为了亲自察验所多玛和蛾摩拉地。之所以采取这种方式，而不是直接以灵降临的方式，是为了在施行烈火的审判之前，能够更加缜密细致地核实所多玛和蛾摩拉城的罪恶情状。

因为两位天使长以人的形像出现在所多玛和蛾摩拉人面前，能够更加真实地核实他们的败坏程度。若以灵的样式来，很难切身察验他们的罪恶，所以以人的形像显现。

第八章

两个天使长和把握救恩的罗得

迎接来到所多玛的两个天使长
忤逆败坏的所多玛人和两个天使长
两个天使长领出罗得和其家人
记念亚伯拉罕，拯救罗得
降在所多玛和蛾摩拉的烈火的审判
生摩押人和亚扪人的始祖

1. 迎接来到所多玛的两个天使长

> 那两个天使晚上到了所多玛。罗得正坐在所多玛城门口，看见他们，就起来迎接，脸伏于地下拜，说："我主啊，请你们到仆人家里洗洗脚，住一夜，清早起来再走。"他们说："不！我们要在街上过夜。"罗得切切地请他们，他们这才进去到他屋里。罗得为他们预备筵席，烤无酵饼，他们就吃了。（19章1-3节）

两个天使长别了亚伯拉罕，午正时分从那里起行，晚上才到所多玛城。其实亚伯拉罕所住的幔利的橡树那里离所多玛城不是很远。

这两个天使若是通过属灵空间进行转移，或运用超乎肉界规律的属灵能力，就可以瞬间到达目的地。而他们到了晚上才赶到所多玛，表明他们彻底遵循了肉界的法则。

也就是说，他们和常人一样徒步走到所多玛。罗得是要在与人同等的条件上考察那里的一切。他们一路跋涉，细细考察所多玛周边的情况，而不是飞行前往，粗略察看所多玛城的情况并作出判定。

当时罗得正坐在所多玛城门口，看见两个天使长，就起来迎接。罗得坐在城门口，暗示他对所多玛城中生活的困乏厌倦，以及空虚迷茫的心境。对此彼得后书2章7-8节说："只搭救了那常为恶人淫行忧伤的义人罗得。因为那义人住在他们中间，看见听见他们不法的事，他的义心就天天伤痛。"

罗得曾在亚伯拉罕身边学习，知晓真理。虽然选择自己看为美的所多玛定居，但看不惯城里人种种悖逆神的败坏邪荡的风气，心中时常忧伤和哀恸。

所多玛人沉溺与罪恶之中，以至于遭受审判的地步。罗得看在眼里，天天心里伤痛。他厌倦那里的生活，心中深感空虚迷茫。每当追想从前与叔父亚伯拉罕同居的美好，又想到自己现今的处境，感到失落怅惘，悔叹不已。

正当此时，两位天使长向罗得显现，这是神恩准他的蒙恩机会。此时罗得已变得虚心卑微，因为知道这二人的身份，便预感蒙恩的时候到了，虽不知他们此访的目的，但他相信这是他复蒙神恩的关键时机。罗得最终把握住这一时机，获得了拯救。

罗得俯伏拜那两位天使长，恳请他们到他家里住一宿再走。本打算在街上过夜的两个天使，不忍推辞罗得的再三请求，便答应到罗得家里做客。罗得为他们预备筵席款待他们。罗得的这一作为，为他将来蒙恩得救提供了条件。

当然，罗得从所多玛和蛾摩拉的审判中获得拯救，是神记念亚伯拉罕而所施的恩。但罗得对神的使者那真诚服侍和对神恩的爱慕之心，正合乎神公义的要求，救恩之门便向他敞开了。

罗得获救虽得益于亚伯拉罕的恩，然而获得救恩的关键在于他个人对信仰的态度。因此罗得需要显出信心的凭据，才能得与神的救恩有份。他因着信，恳请两位天使长到自己家里，盛情款待，精诚服侍。他以实际行动表现出他的信心，便得以把握住这一蒙恩的时机。

2. 忤逆败坏的所多玛人和两个天使长

> 他们还没有躺下，所多玛城里各处的人，连老带少，都来围住那房子，呼叫罗得说："今日晚上到你这里来的人在哪里呢？把他们带出来，任我们所为。"罗得出来，把门关上，到众人那里，说："众弟兄，请你们不要作这恶事。我有两个女儿，还是处女，容我领出来任凭你们的心愿而行，只是这两个人既然到我舍下，不要向他们作什么。"
> 众人说："退去吧！"又说："这个人来寄居，还想要作官哪！现在我们要害你比害他们更甚。"众人就向前拥挤罗得，要攻破房门。只是那二人伸出手来，将罗得拉进屋去，把门关上，并且使门外的人，无论老少，眼都昏迷；他们摸来摸去，

总寻不着房门。(19章4-11节)

罗得在家里正服侍两位天使长的时候，外面发生了骚乱。这个事件给我们展示所多玛城道德败坏的一个确证。

他们吃了晚餐，正要就寝的时候，所多玛各处的人聚来围住罗得的房子，呼叫罗得把外来的那两个人带出来，任他们所为。两位天使长虽是以人的形像来，但其美貌佳形却是这地上的人无与伦比。

当时所多玛城甚是淫乱邪荡，败坏堕落（犹大书1章7节）。众人见到极其美貌的两个人，兴奋不已。被情欲迷昏心窍丧失理智的一群暴民，毫无忌惮地叫嚷着要罗得把那两个人交出来。

罗得出来，把门关上，好言劝告众人。其实到狂躁的人群中去进行劝阻，是冒生命危险的举动。罗得见众人不肯听劝，便恳求他们说："我有两个女儿，还是处女，容我领出来任凭你们的心愿而行，只是这两个人既然到我舍下，不要向他们作什么。"可以看出罗得宁可牺牲自己的两个女儿，也要保守两个天使长的决然心态。

或有人觉得"明知女儿将遭遇什么结果，怎么能作出这样的提议？""父亲待自己的女儿怎能为所欲为？"罗得这样做，并非不顾女儿们的安危，而是出于无论如何也要保护神使者的善意。

再说罗得的两个女儿也了解眼前的景况，都甘心乐意顺从父亲的意愿，因而罗得宁愿付出这一代价，也要保全神尊贵的使者。由于罗得此举出于善心，神就使万事都互相效力，使罗得和他两个女儿得以安然躲避暴戾群众之伤害。

假如两位天使长到所多玛城时，罗得没有坐在城门口会如何？如果坐在城门口时，没有把两位天使长请到家里，或者屈从所多玛群众的威胁，把两位天使长交出来，结局会如何？若是误了其中一件事，罗得定与得救无缘。

但罗得身处可蒙恩典之处，而且机会来临时，没有错过机会。面对生命威胁，面临要牺牲两个女儿的境遇中，罗得也守住了对神的忠信。

对罗得的提议，所多玛人充耳不闻。罗得劝阻他们莫要行恶，他们反而恼羞成怒，动手要害罗得。

罗得的劝阻，使他们恼羞成怒，并发泄他们心中的积怨，讥讽罗得想要作他们的官，威胁要害他比那两人更甚，并以此为借口欲要大肆行凶。

可见所多玛人淫乱邪荡，伦理败坏，道德沦丧，人性泯灭。罗得迁居自己所看中的所多玛地，但厌嫌那里败坏邪荡的生活，极力保守自己不被当地人同化。在所多玛人看来，罗得始终是个特立独行，不合群的化外人。

罗得与当地人之间的这种长期的隔阂，藉着这个事件激暴出来，到了众人欲要加害罗得的地步。然而他们挑事的动机其实非为罗得的缘故，而是为了罗得家里的那两位访客。他们觉得罗得是个阻碍，于是欲要先害了罗得。

见情况危急，两位天使长便显出了隐藏的能力。二人伸手将罗得拉进屋去，把门关上，使门外的群众眼睛昏迷。两位天使长是为察看所多玛人的罪恶而以人的模样来，始终遵循着这属肉世界的法则，而此时情况已核实完毕，便不必再隐藏身份遵循属肉的法则了。两位天使长使众人双目昏迷，他们左右摸索却总寻不着房门。

这里说"眼睛昏迷"而非眼瞎，若是眼瞎了，他们就不会继续寻找房门。"他们摸来摸去，总寻不着房门"，表示房门似乎清楚可见，却是总也摸不着，寻不到。

那么，怎会出现这种现象呢？原来两位天使长将罗得和家人所处的空间，与所多玛群众所处的空间区别开来。

我们所处的空间里即使有许多天使同在，不开灵眼是看不到的。属肉的空间和属灵的空间虽有分别，但灵眼开启的人能看到天使就在近处，灵眼未开则看不见。

两位天使长使众人眼睛昏迷的情况与之类似。就像灵眼未开的人看不到天使那样，所多玛人总寻不到那房门。好像都在同一个空间，实则不在，因为两位天使长将空间分开了。

比方说，猫或狗第一次看电视，看着屏幕中的生动影像，会产生同处一个空间里的错觉。画面中若出现美味，它们就以为是实物，试图去捕获。

与此同理，所多玛城里的人无法识别空间分离的状况，摸来摸去，极力寻找房门，却总是寻不着。罗得和其家眷趁机得脱险情，在两位天使长的帮助下离开所多玛城。

3.两个天使长领出罗得和其家人

> 二人对罗得说："你这里还有什么人吗？无论是女婿，是儿女和这城中一切属你的人，你都要将他们从这地方带出去。我们要毁灭这地方，因为城内罪恶的声音在耶和华面前甚大，耶和华差我们来，要毁灭这地方。"罗得就出去，告诉娶了他女儿的女婿们（"娶了"或作"将要娶"）说："你们起来离开这地方，因为耶和华要毁灭这城。"他女婿们却以为他说的是戏言。
> 天明了，天使催逼罗得说："起来！带着你的妻子和你在这里的两个女儿出去，免得你因这城里的罪恶同被剿灭。"但罗得迟延不走。二人因为耶和华怜恤罗得，就拉着他的手和他妻子的手，并他两个女儿的手，把他们领出来，安置在城外。（19章12-16节）

在离开所多玛之前，两位天使长问罗得，属他的还有什么人。当然这是明知而故问。从两位天使长的这一问中，我们可以感悟到神记念亚伯拉罕而施与罗得和其眷属的那丰富的怜恤与恩典。

在罗得的立场上,虽然两位天使长奉差来救他,但他难以先开口请求同救属他的人。针对所多玛城的刑罚将至之际,罗得对自己曾经顺着私欲迁居此地深感亏欠,于是不敢向神提出别的请求。

然而,神通过两位天使长对罗得说:"无论是女婿,是儿女和这城中一切属你的人,你都要将他们从这地方带出去。"神以丰富的怜恤,为罗得拓宽了施恩的范围。神因亚伯拉罕的缘故,对罗得施行拯救,甚至使属于罗得的众人也得蒙获救的机会。

假如罗得得救了,其家眷却未能得着机会而与所多玛人同被剿灭,罗得的心将是何等的愧疚和伤痛!神记念亚伯拉罕,又顾念这一切,便向罗得和属他的人恩准了救恩。

神不愿一人沉沦,切愿多救一个灵魂领进天国,因而在不违背公义的限度内,尽量拓宽救恩的界限。从这件事中可以看出,跟属得神喜悦之人,是何等大的福气。

两位天使长提示审判即将临到,吩咐罗得离开所多玛城,此时此刻罗得是怎样的心情呢?离开所多玛城意味着撇弃自己多年辛苦建立的家业;财富、功名、权势都将归为无有;亲属如有不愿跟从的,只能忍痛弃之而逃命。

没有任何预兆可以看出灭顶之灾已近,似乎还有时间挽救一些财物……,但必须打消这样的念头,赶紧逃离那城。罗得相信两位天使长的话,决定把握得救的机会,并劝说自己的家眷定要信从神的引导,同蒙救恩。

罗得的两个女儿愿意听从罗得，而与两个女儿定亲的女婿们却以为是戏言。神恩准他们得救，他们却自己放弃了那恩典，因为恶欲满心，迷醉于那城的罪中之乐。神因着慈爱，向他们伸出了施恩的手，他们却因迷恋世界而失去了得救的机会（约翰一书2章15节）。反之，罗得没有体贴人意，也没有一丝留恋，即刻遵着天使的吩咐而行。

罗得蒙神救恩的原因可归纳为两个方面：一是神记念亚伯拉罕而施恩与罗得，二是罗得自身因信神的话，即刻顺从。

天使在天明时分催逼罗得，而罗得迟延不走。不是因为对所多玛有所留恋，而是尽心竭力要拯救属他的众人，直到最后那一刻。就像挪亚直至方舟的门关闭那一刻，还向世人竭力宣传审判已临近那样，罗得也想方设法让属他的人都知道审判已逼近。

当时罗得在所多玛城积累了一定的财富，家业比较稳固，因而属他的人除了两个女婿以外，还有很多，罗得切愿他们都能得救，没有一人沦丧。而他们却因迷恋所多玛城中的邪荡生活而藐视警告，拒绝逃命。因为时间紧急，不能再耽搁，两位天使长赶忙拉着罗得和他妻子并他两个女儿的手，领出他们到城外。听信罗得之言而逃出城外的只有罗得的妻子和两个女儿。

这样看来，凡听到"末日的审判已近"之呼声的人，并不能都蒙救恩。救恩只属于那些凭自由意志，选择听命顺从的人。

4.记念亚伯拉罕,拯救罗得

> 领他们出来以后,就说:"逃命吧!不可回头看,也不可在平原站住,要往山上逃跑,免得你被剿灭。"罗得对他们说:"我主啊,不要如此。你仆人已经在你眼前蒙恩,你又向我显出莫大的慈爱,救我的性命,我不能逃到山上去,恐怕这灾祸临到我,我便死了。看哪,这座城又小又近,容易逃到,这不是一个小的吗?求你容我逃到那里,我的性命就得存活。"
> 天使对他说:"这事我也应允你,我不倾覆你所说的这城。你要速速地逃到那城,因为你还没有到那里,我不能作什么。"因此那城名叫琐珥("琐珥"就是"小"的意思)。"(19章17-22节)

情况紧急,天使领罗得和他的家人出了城外。天使将罗得一家人领出城外,是借助属天的能力,就是在属灵的空间瞬间转离。

这里天使说"不可回头看,也不可在平原站住,要往山上逃跑"是什么意思呢?表示彻底断绝罪恶的世界和一切属肉的事。

所多玛在灵意上是指悖谬的世界。如果出了所多玛,却回头看,并且在平原上住留,岂不是说明未能彻底离弃对世界的留恋。"要往山上逃跑"表示要与世界分别为圣,活出全新的生命。

罗得虽曾作出错误的选择,住留在所多玛这败坏的世界中,但他重新立志顺从神的话,离弃一切属世的事,走向全新的生命,便得以领受所赐的救恩。罗得不单从"世界"中抽身出来,而且顺从神的话,不回头看,也不驻足停留。他从心里彻底斩断对世界的迷恋。

灾难迫近,天使指示罗得要往山上逃跑,但罗得因恐惧而不敢往山上跑,请求天使容他逃到临近城邑琐珥。

罗得这样作,非因尚存对所多玛的留恋,也非蓄意违背两位天使长的指示,而是因为灾难的预兆令他大大惊骇。从罗得的反应可以看出,当时有骇人的预兆显现,让人能够预感到大灾难即将来临。

可是所多玛和蛾摩拉城的百姓却执迷不悟。当时罗得若是全然信靠神"要往山上逃跑"的吩咐并且遵行到底,定会凡事顺利亨通,然而罗得那时的信心还没有达到这一水准。

神垂听罗得的恳求,再次施慈爱与罗得,容他逃到琐珥城。因罗得进入琐珥城的缘故,神就施恩与琐珥城。

当时所多玛和蛾摩拉隔河相邻,是人口众多,文明发达的大都城。两地人民自由往来,民风习俗彼此相近,所多玛城的败坏之相也是蛾摩拉城的真实写照。

琐珥离所多玛和蛾摩拉相近,虽不像所多玛和蛾摩拉那么严重,但该城也在很大程度上受其影响,习染于败风陋俗,因而同受审判本是难免的,然而因着罗得选择该城作为避难所,得以免遭这场灭顶之灾。

"这事我也应允你,我不倾覆你所说的这城",表明琐珥本来也是注定覆灭之地,但因罗得的请求,神转意不灭该城。琐珥城又一次获得了得救的机会。

免遭审判的琐珥人清楚地看到所多玛和蛾摩拉人所遭遇的灾祸。这两座城比他们规模大,人口多,富足奢华,却旦夕间化为灰烬,消失无影。琐珥城的居民又通过逃难的罗得一家得知所多玛和蛾摩拉城为何受审判、是谁施行这一审判。他们亲眼看到人作恶会临到何等可怕的结局。

5.降在所多玛和蛾摩拉的烈火的审判

> 罗得到了琐珥,日头已经出来了。当时,耶和华将硫磺与火,从天上耶和华那里,降与所多玛和蛾摩拉,把那些城和全平原,并城里所有的居民,连地上生长的都毁灭了。罗得的妻子在后边回头一看,就变成了一根盐柱。亚伯拉罕清早起来,到了他从前站在耶和华面前的地方,向所多玛和蛾摩拉与平原的全地观看,不料,那地方烟气上腾,如同烧窑一般。当神毁灭平原诸城的时候,他记念亚伯拉罕,正在倾覆罗得所住之城的时候,就打发罗得从倾覆之中出来。(19章23-29节)

罗得到了琐珥,硫磺与火从天降到所多玛和蛾摩拉城,毁灭了那里的一切,那地转眼变为废墟,成为永久荒芜之地。神彻底倾覆那城，显明严正的审判，作为当世乃至后世之人的鉴戒。

后来此地又多了一宗灾：全地变成盐碱地，成为"死亡之地"。罗得当初选中的此地"如同耶和华的园子，也像埃及地"（创世记13章10节），遍地滋润，土壤肥美。而现今的光景如何？

所多玛和蛾摩拉位于死海南部。死海，顾名思义，是没有生物存活的死亡之海。学者们推测所多玛因地震或地陷如今已沉没在水底。所多玛彻底从世界上消失，人们永远不能在此重建文明和家园。

罗得一家离开所多玛，意即断离了世界，但这并不意味着他们获得了全备的救恩。

罗得的妻子因不听天使长的警告，回头看所多玛城，就变成了一根盐柱。这是她心中仍存对世俗的留恋所导致的结局。罗得和两个女儿何尝没有回头一望的冲动，但他们顺从天使的警告，抵挡诱惑，牢牢把握住救恩。

降于所多玛和蛾摩拉的硫磺与烈火的灾殃之巨大，甚至使住在远处的亚伯拉罕都能感知。亚伯拉罕清早起来，到了他从前得见神的地方，观察所多玛和蛾摩拉城的情形。这说明亚伯拉罕早已预知审判降临的时候。

亚伯拉罕相信神是信实的，祂说话必定成就，所说的审判到时必定临到。亚伯拉罕挂念罗得和所多玛与蛾摩拉城的众民，于是向他们所住的城邑眺望。此时亚伯拉罕是何等心情？

亚伯拉罕以深沉的怜悯向神恳求：所多玛城里若有十个义人，

就不要毁灭那城。亚伯拉罕模成神的心，满有怜恤和恩慈，惟愿众人得救，不愿一人覆亡。

神岂能不知亚伯拉罕的这般良苦用心！然而，凡事都必须遵循公义，连十个义人都没有的所多玛城，最终还是遭到毁灭。

亚伯拉罕抱着焦切的心情观看所多玛和蛾摩拉全地，只见那地方烟气上腾。所多玛和蛾摩拉城被硫磺与烈火所吞，看着像烧着烈火的窑。

从对所多玛和蛾摩拉的审判事件中，我们还要留意这个部分：除了所多玛和蛾摩拉城以外，周边城邑也同遭覆灭，变成寸草不生的一片荒芜之地。

这意味着个人犯罪，不仅毁了自己，还会殃及周围的人。反之，就像罗得因着亚伯拉罕的缘故得蒙救恩那样，与神所称许的义人同在，必同蒙神的赐福。

6. 生摩押人和亚扪人的始祖

> 罗得因为怕住在琐珥，就同他两个女儿，从琐珥上去住在山里。他和两个女儿住在一个洞里。大女儿对小女儿说："我们的父亲老了，地上又无人按着世上的常规进到我们这里。来！我们可以叫父亲喝酒，与他同寝。这样，我们好从他存留后裔。"于是那夜，她们叫父亲喝酒，大女儿就进去和她父亲同寝。

> 她几时躺下,几时起来,父亲都不知道。第二天,大女儿对小女儿说:"我昨夜与父亲同寝,今夜我们再叫他喝酒,你可以进去与他同寝。这样,我们好从父亲存留后裔。"于是那夜,她们又叫父亲喝酒,小女儿起来与她父亲同寝。她几时躺下,几时起来,父亲都不知道。
> 这样,罗得的两个女儿都从她父亲怀了孕。大女儿生了儿子,给他起名叫摩押,就是现今摩押人的始祖;小女儿也生了儿子,给他起名叫便亚米,就是现今亚扪人的始祖。(19章30-38节)

罗得情急之中逃难到琐珥,但却害怕住在那里。这说明当时琐珥人的败坏程度也已很深。琐珥城的居民虽然看见所多玛和蛾摩拉城所遭的报应,却仍不肯从败坏的风俗中回转。

深知所多玛城遭灭原因的罗得,见到琐珥城的光景,不能不感到害怕,意识到此地不宜久留。看着所多玛城所遭受的审判,罗得也已立志彻底远离罪恶,因此一刻都不想待在这城中。

于是同他两个女儿抓紧离开琐珥,上了天使所指定的一座山上。"山"按着灵意说是与世分别之处。罗得为了与世分别而生活在山洞里,但这不意味着他过上那种与世隔绝的隐遁生活。为了谋生,他也需要经常跟临近城邑或周边的族群交流。

但罗得依然保守己心,不至恋慕世界,他的两个女儿也甘心听从父亲的教诲。然而这样的环境使得两个女儿找配偶成为问题。两个女儿既已定志不与习染败坏风俗的世人同流，因此不会考虑在世人中找她们的配偶。

罗得与两个女儿同住山里。有一天他们之间发生了一件常人难以理解的事情。两个女儿彼此商议要趁父亲酒醉，与父亲同寝，以求生子立后。她们想要从父亲罗得存留后代，好继承其宗族世系。

罗得的女儿们立志活出全新的生命，不在世人中选择配偶，乃是值得嘉许的。但她们错在凭自己有限的思维寻找对策。她们顺着肉体的意念，与父同寝怀孕生子，其子后来分别成为摩押人和亚扪人的始祖。

罗得的两个女儿动用人意的后果祸及子孙后代。当以色列人背离神的旨意时，神把摩押人和亚扪人用作教训他们的刑杖。而以色列遵行神的旨意，得享繁荣昌盛时，摩押人和亚扪人又臣服朝贡于以色列。

就这样，摩押人和亚扪人成为神耕作人类旨意过程中所用的外因。当时罗得和两个女儿怎能料到，他们的后裔将来与亚伯拉罕的后裔彼此为敌。她们动用肉体的意念所作的事，酿成了如此令人心痛的结果。

假如当时罗得的女儿们照人意行事之先，跟自己的父亲倾诉她们的苦衷，会是怎样的结果？

罗得一定会想起他的叔父亚伯拉罕。想到世上寻不到合适的女婿，在亚伯拉罕的家里定能寻得到。与亚伯拉罕同居的人中必有受亚伯拉罕的信仰熏陶，不沾染世俗的污秽，努力遵行真道的人。

或者罗得的女儿们若是寻求神的指引，即使不与父亲商量也会得到相同的启悟。然而她们因体贴肉体而朦了双眼，乱了心思。

而值得肯定的是罗得和两个女儿为了过与世分别的生活，离开琐珥，上山隐居，甘心忍受生活上的诸多不便和各种艰辛磨难。

这种心志亦是现今的基督徒当效法的榜样。基督徒理当过分别为圣的生活：不能迷恋世界，放纵情欲，当清除恋慕世界的心，努力遵行神道，专心火热祷告，获得圣灵的充满。

# 拓展分享五

奉命降火焚灭所多玛和蛾摩拉的四活物

神对所多玛和蛾摩拉的审判,为后世之人留下了深刻的教训。新约圣经多处引用此典,所多玛和蛾摩拉是罪恶的象征,是神对罪人之审判的典型事件。

因为是具有这般重要意义的事件,神审判所多玛和蛾摩拉的时候,不是简单打发天使去,而是差遣圣灵和两位天使长,亲自审察所多玛和蛾摩拉的情况,使审判在公义中分毫不差地进行。因为事关重大,对后世将有深远的影响,所以圣灵亲自带着两位天使降世,进行实地考察。

这一公义之审判的执行者是四活物。"四活物"是指四个活物合成一组的基路伯。这四活物各有四个脸面:人的脸、狮子的脸、牛的脸、鹰的脸。

四活物好比亲卫队,作神身边的辅卫。它们具有奉神之命执行审判的权柄。以西结书1章24-26节具体描述辅佐神的四活物形像,以及其权柄和威力之巨大。

"活物行走的时候,我听见翅膀的响声,像大水的声音,像全能者的声音,也像军队哄嚷的声音。活物站住的时候,便将翅膀垂下。在他们头以上的穹苍之上有声音。他们站住的时候,便将翅膀垂下。在他们头以上的穹苍之上有宝座的形像,仿佛蓝宝石,在宝座形像以上有仿佛人的形状。"

以西结书1章14节描述"这活物往来奔走,好像电光一闪。"四活物接到神的命令,就雷厉风行,刻不耽延。

那么,这四活物具体履行什么样的使命?
奉神的命令刑罚那些直接干犯神的罪人,如亵渎圣灵、干犯圣灵等。四活物也奉命刑罚作恶甚重的民族或国家,去执行神的审判。针对所多玛和蛾摩拉的审判就属其例。

四活物各有分工。分别是独立的个体,却常常行同一体。但主导地位会按不同的情况而交换轮替。在所多玛和蛾摩拉执行烈火之审判的时候,便由其中具有吐火之权柄和功用的狮面活物起到主导作用。

具有降灾权柄的狮面活物不轻易开口,而只在执行降灾或止灾命令时开口。另外，人面活物具有指挥基路伯的权柄；鹰面活物具有开阖天门的权柄；牛面活物则具有驾驭气象的权柄。

就降于所多玛和蛾摩拉的灾难而言，狮面活物主导天降硫磺与火的灾殃时，具有开阖天门之权柄的鹰面活物进行辅助。

第九章

神按自己的旨意将亚伯拉罕显明

亚比米勒取去亚伯拉罕的妻子撒拉
把这人的妻子归还他，因为他是先知
基拉耳王亚比米勒的赔罪与补偿
亚比米勒经亚伯拉罕的祷告蒙神应允

1. 亚比米勒取去亚伯拉罕的妻子撒拉

> 亚伯拉罕从那里向南地迁去，寄居在加低斯和书珥中间的基拉耳。亚伯拉罕称他的妻撒拉为妹子。基拉耳王亚比米勒差人把撒拉取了去。但夜间，神来在梦中对亚比米勒说："你是个死人哪！因为你取了那女人来，她原是别人的妻子。"（20章1-3节）

亚伯拉罕从希伯伦迁往南地寄居在基拉耳的时候，基拉耳王亚比米勒派人取走他的妻子撒拉，是因亚伯拉罕称他的妻子撒拉为妹子的缘故。这一事件似乎与以前妻子被埃及王法老取去的事件性质相同，但其中各含不同的属灵意义。

创世记12章讲述亚伯兰躲避饥荒下到埃及，怕那地方的人因贪恋他的妻子而把他杀了，便称妻为妹子。当然这倒不算是谎言。因为撒莱本就是亚伯兰同父异母的妹子。亚伯兰本以为这是最稳妥之策，不料结果妻子被埃及王取去了。这是因亚伯兰未能专心倚靠神，体贴肉体意念的缘故。亚伯兰事后醒悟自己的过错，转而全心靠赖神的能力，终又得回自己的妻子。通过这件事，亚伯兰得以醒悟自己的欠缺，彻底破除了尚存的人意。

不过这次妻子被基拉耳王亚比米勒取去的事件则不同：并非动用肉体意念所致，乃是在神的安排下所成的，旨在将亚伯拉罕显明于世人。

亚伯拉罕遭遇两次夺妻事件时的信仰境界，前后截然不同。此次妻子被基拉耳王亚比米勒取去的事件中，亚伯拉罕的信仰已达到专心信靠神的境界。因为经过长久岁月的熬炼，肉体的意念已被彻底清除。

这次夺妻事件乃是神照祂的旨意所安排和成就的。是为了其后裔将来形成大族群而作的前期预备。

神藉着这一事件向周围城邦显明亚伯拉罕，叫人知道他是何等人物，具有怎样的权柄。神在亚比米勒的梦中显现，向他发出严厉的警告："你是个死人哪！因为你取了那女人来，她原是别人的妻子。"

2.把这人的妻子归还他，因为他是先知

> 亚比米勒却还没有亲近撒拉。他说："主啊，连有义的国你

> 也要毁灭吗？那人岂不是自己对我说'她是我的妹子'吗？就是女人也自己说：'他是我的哥哥。'我作这事是心正手洁的。"神在梦中对他说："我知道你作这事是心中正直，我也拦阻了你，免得你得罪我，所以我不容你沾着她。现在你把这人的妻子归还他，因为他是先知，他要为你祷告，使你存活。你若不归还他，你当知道，你和你所有的人都必要死。"亚比米勒清早起来，召了众臣仆来，将这些事都说给他们听，他们都甚惧怕。亚比米勒召了亚伯拉罕来，对他说："你怎么向我这样行呢？我在什么事上得罪了你，你竟使我和我国里的人陷在大罪里！你向我行不当行的事了。"亚比米勒又对亚伯拉罕说："你见了什么才作这事呢？"（20章4-10节）

而亚比米勒因为自己还没有亲近她，而且事前不知撒拉是别人的妻子，所以他觉得自己是清白的。神也认同这一点，便在梦中对亚比米勒说："我知道你作这事是心中正直，我也拦阻了你，免得你得罪我，所以我不容你沾着她。"

神又告诉他解脱之方："现在你把这人的妻子归还他，因为他是先知，他要为你祷告，使你存活。你若不归还他，你当知道，你和你所有的人都必要死。"

前面提到神允准这一件事是旨在向周围城邦显明亚伯拉罕。神要成就这一旨意，便告诉亚比米勒说亚伯拉罕是先知、若想存活须经亚伯拉罕的祷告方可。

亚比米勒十分惊骇，清早起来，召了众臣仆来，将昨夜梦见神的事详细讲给他们听。

臣仆们听了都甚惧怕。这说明亚比米勒和他的臣仆们信了那个梦，这是他们本性良善的明证。心地顽恶的人若是遇到这种情况反会发恶，但亚比米勒和他的臣仆们却未如此。

基拉耳王亚比米勒信从神的话，就顺着神在梦中所指示的方法去处理问题。

先是召了亚伯拉罕来，询问他称妻子为妹子的意图，说："你怎么向我这样行呢？我在什么事上得罪了你，你竟使我和我国里的人陷在大罪里！你向我行不当行的事了。"

3.基拉耳王亚比米勒的赔罪与补偿

> 亚伯拉罕说："我以为这地方的人总不惧怕神，必为我妻子的缘故杀我。况且她也实在是我的妹子，她与我是同父异母，后来作了我的妻子。当神叫我离开父家飘流在外的时候，我对她说：'我们无论走到什么地方，你可以对人说，他是我的哥哥；这就是你待我的恩典了。'"
> 亚比米勒把牛羊、仆婢赐给亚伯拉罕，又把他的妻子撒拉归还他。亚比米勒又说："看哪，我的地都在你面前，你可以随意居住。"又对撒拉说："我给你哥哥一千银子，作为你在阖家人面前遮羞的（"羞"原文作"眼"），你就在众人面前

没有不是了。"(20章11-16节)

亚伯拉罕回答亚比米勒说：因基拉耳地方的人不惧怕神，恐怕为妻子撒拉的缘故，自己遭了杀身之祸。并说撒拉实在是他同父异母的妹子。

撒拉是亚伯拉罕的父亲他拉丧妻之后续娶的女人所生，因而称她为妹子并非谎言。

亚比米勒听罢，体念到撒拉和亚伯拉罕所承受的内心痛苦，尽管自己取撒拉是因以为她是亚伯拉罕的妹子，但他仍然诚心要给予补偿。这也表明亚比米勒是一个本性比较良善的人。

假如亚比米勒是个恶人，听了亚伯拉罕的解释，能愿意给他补偿吗？岂不会怨责亚伯拉罕和撒拉欺哄他们，并试图以此为借口，蒙混过去。但亚比米勒不是这种恶人。

他不仅把撒拉归还亚伯拉罕，而且允许亚伯拉罕在他的境内随意居住，并还赐给亚伯拉罕许多牛羊、仆婢和钱财，作为赔罪补偿。

又对撒拉说："我给你哥哥一千银子，作为你在阖家人面前遮羞的，你就在众人面前没有不是了。"对撒拉也表示诚挚的歉意，要把事情处理得尽量妥善。

4.亚比米勒经亚伯拉罕的祷告蒙神应允

> 亚伯拉罕祷告神,神就医好了亚比米勒和他的妻子,并他的众女仆,她们便能生育。因耶和华为亚伯拉罕的妻子撒拉的缘故,已经使亚比米勒家中的妇人不能生育。(20章17-18)

神藉着亚伯拉罕施恩与亚比米勒。亚比米勒取了撒拉时,神使他家中所有的人都不能生育。而亚伯拉罕向神祷告,神就医好亚比米勒和他的妻子并他的众女仆,得以生育。

神在亚比米勒和他的全家行这事,旨在他们心目中树立亚伯拉罕的形像和威信。

亚比米勒身为最高统治者,财富、名声和权势集于一身,无所缺乏。而有一件事令他困惑犯愁,正是关于后嗣的事。神知道亚比米勒的难处,安排亚伯拉罕为他祷告,化解他事关传承的重大问题。借此,立竿见影地树立了亚伯拉罕的好名声。

参透万事的神,用最有效的方法,向周围城邦显明了亚伯拉罕的为人品质和所具有的权柄能力,又大大赐福与亚比米勒一家。由此可以看出,亚伯拉罕所遭遇的夺妻事件不是因亚伯拉罕动用肉体的意念所致,而是按神的旨意而成的。起初好像受了亏损,但结局是满得恩福,使神的名大得荣耀。

第十章

应许之子以撒和以实玛利

亚伯拉罕百岁得了以撒
以实玛利戏笑以撒事件
打发夏甲和以实玛利到旷野
以实玛利娶埃及女子为妻
亚伯拉罕和亚比米勒所立的和约
送七只母羊羔,作挖井的证据

1. 亚伯拉罕百岁得子以撒

> 耶和华按着先前的话眷顾撒拉，便照他所说的给撒拉成就。当亚伯拉罕年老的时候，撒拉怀了孕，到神所说的日期，就给亚伯拉罕生了一个儿子。亚伯拉罕给撒拉所生的儿子起名叫以撒。以撒生下来第八日，亚伯拉罕照着神所吩咐的，给以撒行了割礼。他儿子以撒生的时候，亚伯拉罕年一百岁。撒拉说："神使我喜笑，凡听见的必与我一同喜笑。"又说："谁能预先对亚伯拉罕说'撒拉要乳养婴孩'呢？因为在他年老的时候，我给他生了一个儿子。"（21章1-7节）

从前神对亚伯拉罕承诺要通过撒拉赐他儿子时，撒拉因觉得不可置信而心里暗笑。然而神不看撒拉的软弱，而照亚伯拉罕真诚而笃定的信心，就按先前的应许使亚伯拉罕从撒拉得生一个儿子。应许之子以撒就在神所指定的时节来到了这个世界。

人常问神为何不早些时候赐以撒给亚伯拉罕，但"凡事都有定期,天下万务都有定时"(传道书3章1节)。给万事万务定期定时的就是参透万事的神。神所定的时期不因人的意志而转移。所以人不能凭自己有限的思维急于求成,应当恒信不变地仰望神的旨意。

亚伯拉罕坚定不移地相信神为他立后的应许,不因时间的推移而有所摇动。以至在神所定的日期得蒙神的应允。这样,神的意念高过人的意念,人不能照自己的意思论断神的事。

"当亚伯拉罕年老的时候,撒拉怀了孕,到神所说的日期,就给亚伯拉罕生了一个儿子。"在这段经文中强调亚伯拉罕得子是在他"年老"的时候,表示在亚伯拉罕年纪老迈,生育无望的时候,神照着亚伯拉罕的信心,使他生了一个儿子。故真正的信心体现在祈求现实中看似不可指望的,相信生活中不可思议的必成。

亚伯拉罕从撒拉得了一个儿子,起名叫以撒(在原文中的意为"喜笑")。这名字是神早先与亚伯拉罕立约时所指示的(创世记17章19节)。亚伯拉罕牢记神的指示并照行不误。

亚伯拉罕在以撒出生第八日,给他行了割礼。就是遵照神吩咐他说:"你们世世代代的男子,无论是家里生的,是在你后裔之外用银子从外人买的,生下来第八日,都要受割礼。"(创世记17章12节)

从前神吩咐亚伯拉罕行割礼时,亚伯拉罕当天就给属他的一切男子行了割礼。对神的指示,亚伯拉罕总是作出即刻、绝对、完全的顺从,从来不会瞻前顾后,人意当先。看着这样的亚伯拉罕,神怎能不喜爱？怎能不欣慰？

神再次提到亚伯拉罕得子以撒是在他百岁的时候，强调以撒的降生，是在神的旨意下，照指定时候成就的。

生了以撒后，撒拉说："神使我喜笑，凡听见的必与我一同喜笑。"以前撒拉听到神要赐她儿子的时候是"心里暗笑"，因为觉得难以置信。

但神赐子嗣的约言实际应验在撒拉身上时，她终于发出了"喜笑"。一件不可置信的事，难以想象的事，今日居然成为现实摆在眼前，怎能不喜乐，怎能不感动！

撒拉对自己过去疑而不信懊悔不已，并向神感恩称谢，开怀喜笑。而另一个方面，撒拉的笑中暗含一丝难为情：自己年纪老迈却怀孕生子，觉得不好意思向人诉说。

撒拉又说："谁能预先对亚伯拉罕说'撒拉要乳养婴孩'呢？因为在他年老的时候，我给他生了一个儿子。"这是撒拉对神的赞美之词，再次强调这是神所彰显的奇迹；神使现实中不可能的事化为可能。按人的常识，年迈的撒拉怀孕生子，乳养婴孩，乃是异乎寻常的奇事。而撒拉告白神用祂的大能，可以使难以想象的事成为现实。

2. 以实玛利戏笑以撒事件

> 孩子渐长，就断了奶。以撒断奶的日子，亚伯拉罕设摆丰盛的筵席。当时，撒拉看见埃及人夏甲给亚伯拉罕所生的儿子戏

笑，就对亚伯拉罕说："你把这使女和她儿子赶出去！因为这使女的儿子不可与我的儿子以撒一同承受产业。"亚伯拉罕因他儿子的缘故很忧愁。神对亚伯拉罕说："你不必为这童子和你的使女忧愁，凡撒拉对你说的话，你都该听从，因为从以撒生的，才要称为你的后裔。至于使女的儿子，我也必使他的后裔成立一国，因为他是你所生的。"（21章8-13节）

应许之子以撒从成胎、降生到成长，一切都在神周全的安排和细致的引领。以撒在神的慈爱和悉心的呵护中成长。亚伯拉罕在以撒断奶的日子，设摆丰盛的筵席。

以撒渐长，夏甲和她儿子以实玛利同撒拉之间潜伏的矛盾终于爆发出来。以前撒拉由于使女夏甲因怀了她丈夫的孩子而藐视她，便加以苦待。夏甲经不起撒拉的苦虐而逃奔，在旷野里遇见神的使者，并领受关于将生之子的约言后重回家里。

那时撒拉也后悔自己对夏甲苦待太过，宽容归来的夏甲，夏甲也服在撒拉的手下，似乎两人和好如初。然而这只是一时的和平而已，因为她们并没有从心里除去怨恨，所以遇到类似的情况，纷争必然死灰复燃。

看见以实玛利戏笑以撒，撒拉要求亚伯拉罕把夏甲和以实玛利逐出去。这么多年过去了，原来撒拉的内心没有改变多少，只是一直把怨恨掩埋在心底里。撒拉哪怕对亚伯拉罕的心有一点点的了解，哪怕对亚伯拉罕的善有一丝丝的领会，是绝不会说出这样的话来。

　　假如撒拉平时努力效法亚伯拉罕的品性，使自己多一点宽容，多一点良善，定会想到以实玛利也是亚伯拉罕的儿子，对他也予以悉心的关爱照料，待如自己的亲生儿子。这样，撒拉就能以宽和的心态去看待以实玛利对以撒的举动：不以为那是戏笑嘲弄，而看作是兄弟之间通常有的嬉闹玩耍。

　　若是这样，夏甲必被撒拉的善心所触动，以致彼此和睦同居。然而，撒拉的心恰恰相反，再次酿成使亚伯拉罕心痛的事件。虽然以实玛利不是与以撒同得基业的后嗣，但听到撒拉赶他出去的要求，亚伯拉罕心里甚是忧愁。

　　查考上述情况，我们可以发现撒拉心里有很多不合真理的部分，但以实玛利和夏甲也是同样。

　　撒拉不会单因这件事，就决定把以实玛利和夏甲赶出去。其间一直积存在她心里的怨恨，通过以实玛利戏笑以撒一事而爆发出来。撒拉心中早有一种危机感，感觉不能继续让以实玛利和以撒一起生活。说明夏甲和以实玛利也有过很多不对的地方。

　　夏甲原是撒拉的使女，却没有恒心服侍撒拉，以实玛利也没有如亲弟弟那样关照以撒。她们之间彼此不睦，没有服侍、理解和宽容，惟有矛盾日趋激化，以至于撒拉要赶走夏甲和以实玛利的地步。面对这种局面，亚伯拉罕心里甚是忧伤和哀恸。

　　以实玛利虽不是继承正统世系的应许之子，但对亚伯拉罕来说他和以撒一样是自己所疼爱的儿子。亚伯拉罕知道神要通过以撒成就祂的美意，而不是以实玛利，但亚伯拉罕并没有因此而冷落或偏待以实玛利。然而撒拉却恰恰相反。

神知道亚伯拉罕的苦衷，吩咐他照撒拉的话把夏甲和以实玛利从家赶出去。领受神的吩咐之前，亚伯拉罕心里十分忧愁，但得知神的意思以后，亚伯拉罕立刻遵命而行，毫不耽延。按人的想法，或觉得比赶出夏甲和以实玛利更妥善的做法应该是劝导和说服撒拉。

然而亚伯拉罕丝毫没有动用肉体的意念。亚伯拉罕视遵行神的话高于一切，任何己意，或自以为善和自以为义的观念在他已是荡然无存。这才是对神完全的顺从，对神专心的靠赖。亚伯拉罕经过熬炼，彻底破除了肉体的意念，因而不论何时何境，都能作出完全的顺从。

想想打发以实玛利走后，如果以实玛利在外居无定所流离飘荡，或发生意外子嗣断传，亚伯拉罕会是多么心痛！神顾念亚伯拉罕对以实玛利的挂虑，便向亚伯拉罕承诺必使以实玛利的后裔成立一国。

3. 打发夏甲和以实玛利到旷野

> 亚伯拉罕清早起来，拿饼和一皮袋水，给了夏甲，搭在她的肩上，又把孩子交给她，打发她走。夏甲就走了，在别是巴的

旷野走迷了路。皮袋的水用尽了,夏甲就把孩子撇在小树底下,自己走开约有一箭之远,相对而坐,说:"我不忍见孩子死!"就相对而坐,放声大哭。

神听见童子的声音。神的使者从天上呼叫夏甲说:"夏甲!你为何这样呢?不要害怕,神已经听见童子的声音了。起来!把童子抱在怀中("怀"原文作"手"),我必使他的后裔成为大国。"神使夏甲的眼睛明亮,她就看见一口水井,便去将皮袋盛满了水,给童子喝。(21章14-19节)

亚伯拉罕听了神的指示,清早起来,就打发夏甲和以实玛利走,立刻遵着神的旨意行。没有留他们多住几日的念头,也没有念及情感为他们说几句安慰的话,或分一部分财产给他们,抑或配些个仆人护卫他们母子二人,

只是拿饼和一皮袋水给母子二人,并打发他们走。身为一大富户,这似乎有些不成体统,甚至让人感觉过于吝啬或绝情。然而,这恰恰让我们再次领略到亚伯拉罕对神绝对、完全的顺从。

这又是亚伯拉罕出于属灵之爱的体现。从属肉的层面考虑,亚伯拉罕至少应该赐需用的财物和仆婢给夏甲和以实玛利。但亚伯拉罕给了他们世上无与伦比的最大财富,那就是敬畏、信靠和仰赖创造万有之神的心志。

没有给他们财物或仆婢,乃要使他们专心倚靠万福之源、生死祸福的掌管者——全能的神。

财物终会消耗殆尽，人心亦会悖逆叛离。惟有神是可靠信实的，凡信靠仰赖神到底的人，必得神随时的保障。

深知此理的亚伯拉罕，切望夏甲和以实玛利无论何时何地，都能活出敬畏神的信仰，因而使他们在肉体上无所依赖，能够单单信靠全能的神。亚伯拉罕是信心的楷模，灵爱的典范，切愿夏甲和以实玛利能够自觉地活出神的道，得见永活的真神，住在神的爱里面。

亚伯拉罕之所以只给母子二人少许干饼和一皮袋水，其中另有一个原因。亚伯拉罕将他们完全向神交托，同时也希望他们不要离得太远，能在探踪可至，援手可及，音讯可闻的近处安家定居。包含着亚伯拉罕希望儿子住在自己近处的为父之心肠。

因着亚伯拉罕的爱心和顺从，夏甲和以实玛利蒙神细致的引导，体验神奇妙的作工。带着干饼和一皮袋水上路的夏甲和以实玛利，没走多久，饼和水都用尽了。在别是巴的旷野迷路的夏甲，十分绝望，与孩子相对而坐，放声大哭。

正当此时，神的使者显现，安抚夏甲，并向她应许说：必使以实玛利的后裔成为大国。之后，神使夏甲的眼睛明亮，她就看见一口水井，便去将皮袋盛满了水，给童子喝。

这口水井并非神为夏甲和以实玛利临时创造出来的，而是本来在那里的，只是他们没能发现。神使夏甲的眼睛明亮，她就发现了那口水井。神知道夏甲何时到此，为她预备了这口井。

夏甲和以实玛利之所以能得到神的帮助，也是因亚伯拉罕的缘故。夏甲未曾想过自己会得到神的帮助，在她本没有这样的信心。她不忍心见孩子活活饿死，就悲痛绝望地放声大哭。然而亚伯拉罕将一切向神交托和仰望。神因着亚伯拉罕专心靠赖神的信心，使夏甲和以实玛利经历到祂的作工。

4. 以实玛利娶埃及女子为妻

> 神保佑童子，他就渐长，住在旷野，成了弓箭手。他住在巴兰的旷野，他母亲从埃及地给他娶了一个妻子。(21章20-21节)

神保佑以实玛利，使他在神的恩典中长大成人，并照祂的应许成全以实玛利。可见因亚伯拉罕一人的信心，属他的众人都蒙了神的大福。

可是，夏甲和以实玛利却不知这福分是因谁而来的。其实以实玛利在神的保佑下长大成人，后来形成一个族群的整个过程，都是亚伯拉罕凭着信心将一切向神交托仰赖的结果。

亚伯拉罕惟愿夏甲和以实玛利时常体验神，活出敬畏神的信仰。然而，夏甲和以实玛利虽然有过出死入生的神迹体验，却未把神的恩典记在心里。他们没能从心底里感悟神的恩典与所赐的福分。

我们从夏甲给以实玛利娶埃及女子为妻的事件中，也能看出他们的信仰光景。夏甲是埃及人,但儿子以实玛利是亚伯拉罕的后代。夏甲晓得亚伯拉罕是侍奉神的人,并知道亚伯拉罕切愿以实玛利也作侍奉神的人。她也记得以实玛利从前照神的命令与父亚伯拉罕同受割礼。

可是夏甲忘乎这一切,给儿子许配外邦女子为妻。尽管过去在别是巴旷野蒙神的搭救,有过死里逃生的体验,却仍不能从心里信神。

她若是诚然信神,定会从亚伯拉罕的族系中寻找一个敬畏神的女子给儿子为妻。说明夏甲没有把过去亚伯拉罕屡次的训诲放在心里。由此兴起了又一个与神的选民以色列为敌的种族。

以实玛利与外邦女子结婚后,连尚存的一丝敬神之心也丧失殆尽,直奔背离神的道路。这表明:人即使经历神奇妙的作为,看见神惊人的大能,若不借以造就自己的信心,便是枉然。

夏甲和以实玛利跟亚伯拉罕一起生活的时候,时常看见神与亚伯拉罕同在的显证,以及亚伯拉罕敬畏神的样式。而且从亚伯拉罕的口中认识神,人应当如何侍奉这独一的真神。他们还亲身经历神的大能。尽管如此,也没能从心里信神,反而偏行己路,渐渐与神恩隔绝。

5. 亚伯拉罕和亚比米勒所立的和约

当那时候,亚比米勒同他军长非各对亚伯拉罕说:"凡你所行的事都有神的保佑。我愿你如今在这里指着神对我起誓，不要欺负我与我的儿子，并我的子孙，我怎样厚待了你，你也要照样厚待我与你所寄居这地的民。"亚伯拉罕说："我情愿起誓。"从前亚比米勒的仆人霸占了一口水井，亚伯拉罕为这事指责亚比米勒。亚比米勒说："谁作这事我不知道，你也没有告诉我，今日我才听见了。"亚伯拉罕把羊和牛给了亚比米勒，二人就彼此立约。（21章22-27节）

神使亚伯拉罕在周边外族的心目中树立威信，是通过亚伯拉罕的妻子被亚比米勒取去的事件。通过这件事亚伯拉罕被周围城邦的外族人普遍认定是蒙神厚爱和保障的先知、是可敬可畏的神人。

所以基拉耳王亚比米勒和他的军长专程拜访亚伯拉罕说"凡你所行的事都有神的保佑"。神使亚伯拉罕的威名传遍外族城邦，亚伯拉罕便能够在外族势力范围内建立和巩固自己的家业，毫无阻碍地为将来以色列民族的形成打下基础。

如果周边外族势力仅仅把亚伯拉罕看作是一个族长，势必想方设法使亚伯拉罕臣服、同化并归属他们。然而亚伯拉罕已被周边族群认定为神的先知，从而免受任何威胁和压迫。

当然，亚伯拉罕已经具备相当的势力，可以靠着保守自己和属自己的众人。而关键因素是神作他保障和后盾的显证，使外族势力不敢对亚伯拉罕存有半点侵扰之念。甚至基拉耳王亚比米勒前来求亚伯拉罕起誓不要欺负他和他的子孙后代。当时亚伯拉罕的势力之强大，神同在的迹象之明显，可见一斑。

亚比米勒深知亚伯拉罕所具有的权柄，预料将来其后裔必甚繁茂强盛，便求亚伯拉罕施恩于他的子孙后代。亚伯拉罕作出允诺后，就从前亚比米勒的仆人霸占他水井一事指责亚比米勒。

水井在当时巴勒斯坦地区被视为财富的象征。抢夺牧民的水源，意味着对生存的巨大威胁。针对亚伯拉罕的指责，亚比米勒回应说："谁作这事我不知道，你也没有告诉我，今日我才听见了。"意思是这件事是仆人们瞒着我做的，请亚伯拉罕迁就忍让。

可以看出亚比米勒没有狡辩或争竞的意图，这不仅是因为亚伯拉罕的权柄和力量之大，更是因为亚比米勒承认常与亚伯拉罕同在的神。

亚比米勒坦承自己的过失，亚伯拉罕非但不以自己的权柄威力震慑或轻视亚比米勒，反而送他七只母羊羔以为实证，与其立定和约。

6. 送七只母羊羔，作挖井的证据

> 亚伯拉罕把七只母羊羔另放在一处。亚比米勒问亚伯拉罕说："你把这七只母羊羔另放在一处，是什么意思呢？"他说："你要从我手里受这七只母羊羔，作我挖这口井的证据。"所以他给那地方起名叫别是巴，因为他们二人在那里

起了誓（"别是巴"就是"盟誓的井"）。他们在别是巴立了约，亚比米勒就同他军长非各起身回非利士地去了。亚伯拉罕在别是巴栽上一棵垂丝柳树，又在那里求告耶和华永生神的名。亚伯拉罕在非利士人的地寄居了多日。（21章28-34节）

亚伯拉罕非但没有向亚比米勒索赔，反而送他七只母羊羔作为自己挖井的实证，确定自己对这口水井的所有权。之后他们二人为那口水井彼此立约，给那地方起名叫别是巴，意为"盟誓的井"。

尽管对方明显理亏，亚伯拉罕却主动与之和好，并立约为证，以绝再次发生纠纷的隐患。亚伯拉罕常以宽和的心怀包容别人，一心追求与众人和睦，并且洞悉人心，处事灵明，万无一失。

这里"七"是代表完全的数字，表示亚伯拉罕的行为在神面前诚实无伪。亚伯拉罕将象征生产的母羊羔七只作为赎价，以确定生产之本，即水源的所有权归于自己。

假如亚伯拉罕一味地据理以驳，批评追责，亚比米勒也许觉得理亏而有所收敛，但不会诚心抱愧悔过，这样一来两造之间便很难建立真正的和睦。以后到了窘迫的境地，或得着某种借由，亚比米勒还会贪念复起，再次挑起水井纷争。亚伯拉罕非但不向亚比米勒提出索赔，反给他水井的赎价。亚比米勒便不由从心底里敬服亚伯拉罕，从此不再打水井的主意了。

从中可以看出亚伯拉罕是一个睿智精明，满有仁爱和美德的人。他有治人服人的智慧和求人益处的宽大胸怀。而且谦卑待人，并未因自己富足而自视高人一等。

这样，亚伯拉罕凭着大权柄和能力，加上谦卑的心胸和服侍的美德，得与周边的种族和平共处。他以温柔谦和的品性包容众人，得以固守自己的领地，打下坚实的基础（诗篇37篇11节）。

亚比米勒立约后回非利士地去，亚伯拉罕在别是巴栽上一棵垂丝柳树，在神面前作为二人立约的凭据，好使人与人之间的立约得到神的认定。我们若像亚伯拉罕那样凡事得神的认定，就能行在神的旨意中，常蒙神的保守和引导，凡事亨通，凡事顺利。

亚伯拉罕所到之处先向神筑坛，得以蒙神随时的保守和引导。活出了对神专心信靠仰赖和听命顺从的信仰境界。从而虽长期寄居在外邦之地中，却得以全蒙神的保守，安然度日，正如经上所说"亚伯拉罕在非利士人的地寄居了多日"。

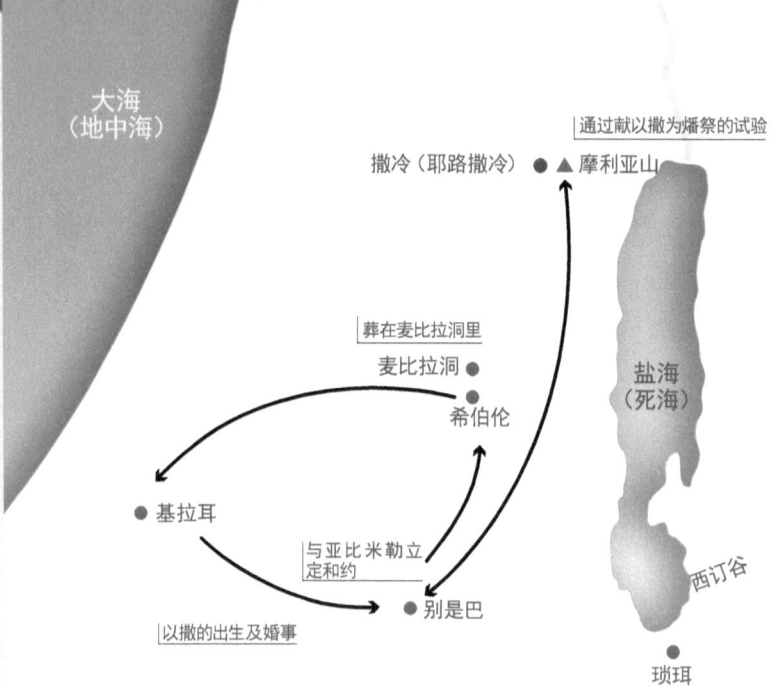

创世记20章以下所讲述的亚伯拉罕的生平

❶ 从希伯伦南迁暂时寄居基拉耳（创世记20章）
❷ 百岁得子以撒（创世记21章）
❸ 在别是巴与亚比米勒立约后栽上一棵垂丝柳树（创世记21章）
❹ 在摩利亚山上通过献以撒为燔祭的试验（创世记22章）
❺ 撒拉被葬在希伯伦（创世记23章）
❻ 到哈兰为以撒择偶（创世记24章）
❼ 从后妻基土拉生六个儿子（创世记25章）
❽ 一百七十五岁寿终葬于麦比拉洞里（创世记25章）

第十一章

亚伯拉罕蒙"耶和华以勒"的福分

- 献独子以撒为燔祭的试验
- 领以撒上摩利亚山
- 亚伯拉罕和以撒对神完全的顺从
- 现在我知道你是敬畏神的了
- 神为亚伯拉罕预备献祭的公羊
- 被誉为信心之父、万福之源
- 为应许之子以撒预备配偶

1. 献独子以撒为燔祭的试验

> 这些事以后,神要试验亚伯拉罕,就呼叫他说:"亚伯拉罕!"他说:"我在这里。"神说:"你带着你的儿子,就是你独生的儿子,你所爱的以撒,往摩利亚地去,在我所要指示你的山上,把他献为燔祭。"(22章1-2节)

亚伯拉罕经过多年的熬炼,其信心已达到了对神只有一是的境界。神认准此时,呼叫亚伯拉罕,吩咐他将独子以撒献为燔祭。

燔祭是将祭牲切成块子,把肉块和头并脂油,全烧在坛上的一种祭祀。神吩咐亚伯拉罕将百岁得的爱子,像牲畜那样切成块子,献为燔祭。

亚伯拉罕献以撒为燔祭,所体现出的信仰境界,不单纯是不惜献上自己独生儿子给神,而是超越奉献自己一切的一种信仰境界。这与以撒所代表的属灵意义有关联。

以撒是神向亚伯拉罕所应许的后嗣。神承诺要使亚伯拉罕的后裔多如天上的星，海边的沙。为了兑现这一约言，神将以撒赐与亚伯拉罕。

就现实而论，将以撒献为燔祭，意味着神与他之间的立约将成空；恒心忍耐和守望等待的二十五年光阴，加上养育以撒这段岁月，都将白白虚度。

然而对这个事件，亚伯拉罕没有起任何肉体的意念，也没有任何借口或托词。神这次试验亚伯拉罕，正是要显明他这种完全的信靠和顺从的信仰境界。神并没有说为何要献以撒、献以撒会得到什么样的结果，只是吩咐亚伯拉罕把以撒献上。

这正是证明亚伯拉罕爱的境界和信心水准的一场考验。神试验亚伯拉罕不是因他有某种恶性或过犯。此时的亚伯拉罕已是全然成圣，心中毫无恶性邪念，曾经尚存的肉体的意念也已彻底破除净尽。但神通过这最后一次试验，要证明亚伯拉罕是个完全人，配得信心之父的荣誉。

并要接纳亚伯拉罕由心发出的信实、仁爱的馨香之气，将他誉为信心之父，赐加倍的恩典与福分与他。

2.领以撒上摩利亚山

> 亚伯拉罕清早起来，备上驴，带着两个仆人和他儿子以撒，也劈好了燔祭的柴，就起身往神所指示他的地方去了。到了

第三日，亚伯拉罕举目远远地看见那地方。亚伯拉罕对他的仆人说："你们和驴在此等候，我与童子往那里去拜一拜，就回到你们这里来。"亚伯拉罕把燔祭的柴放在他儿子以撒身上，自己手里拿着火与刀，于是二人同行。(22章3-6节)

亚伯拉罕遵照神的吩咐，清早起来，备上驴，带着两个仆人和儿子以撒启程赶往神所指示的地方去。虽没有得到具体的要求，却立刻顺从神的命令。没有丝毫的疑虑或犹豫。由于全然信靠神的缘故，在按常理所难以理解的事上，也能够作出绝对的顺从。他信靠神的良善，遵从神的旨意，没有半点存疑或委屈之念。

反而因自己的爱心和信心得到神的肯定，被算为配领受这般命令的人，而庆幸和感恩。亚伯拉罕从内心里感悟到神指示他献独子以撒的美意，便能毫无忧虑或苦恼，反而以感恩和喜乐的心遵从神的旨意。

亚伯拉罕从前领受神"你要离开本地、本族、父家，往我所要指示你的地去"的吩咐时，虽不知往哪里去，却即刻遵命前往。这次同样也是只根据"往摩利亚地去，在我所要指示你的山上，把他献为燔祭"的吩咐而即刻顺服前行。

"亚伯拉罕带着两个仆人，带着劈好的柴上路"，从这个情节中可以看出亚伯拉罕在启程之前，为燔祭作了精心预备，毫不马虎敷衍，就连燔祭的柴也提前劈好，不是就地拣些树枝干柴应急。他的顺从不是装出来的，根本没有到时候再应付了事的侥幸之念。

可是如今很多主的仆人讲道时，总说亚伯拉罕献以撒是出于勉强，在领以撒去献祭的三天路程中，推论亚伯拉罕心中甚是忧苦愁烦。而事实上并非如此。

亚伯拉罕在去往摩利亚山的三天路程中，不是带着沉闷忧伤的心情迟缓磨蹭，而是带着平安喜乐的心情抓紧赶路。不是愁容满面，望着爱子悲伤涕零，而是满心感恩、喜乐，始终平静安详。

亚伯拉罕此时怎会有这样的表现？因为亚伯拉罕具备了"以为神还能叫人从死里复活"的完全的信（希伯来书11章17-19节）。

出行的第三天，亚伯拉罕举目远眺神所指示的地方。从中可以看出亚伯拉罕在献以撒之前没有一点踌躇和犹豫，反而充满着履行圣命的决然之志。

亚伯拉罕吩咐两个仆人在此等候，把燔祭的柴放在以撒身上，自己手里拿着火与刀，二人一同上山。亚伯拉罕此时留下两个仆人，只带以撒前往，乃是有目的的。

把仆人带去，会出现怎样的结果，可想而知。当亚伯拉罕动手要杀以撒献祭的时候，主人突发的这一异乎寻常之举定会使两个仆人惊愕，也一定会争先上前阻止亚伯拉罕。因他们根本不理解主人的心，从人意的角度说，他们出现这种反应是极为正常的。由此，从属灵的层面看，两个仆人被留下是因为他们的信心还没达到能够配合亚伯拉罕履行神的圣命的水准。

属肉体的人常受肉体意念的支配，难以理解属灵的事。他们总要顺着人意，凭靠属世的方法去应对所面临的问题，因而很难领悟属灵的法则，更难成就属灵的事。即使得知神的意旨和属灵的途径，他们仍要按自己的意思行事。

亚伯拉罕事前不与妻子商量，清早就起来赶路，也是因这个缘由。想想亚伯拉罕如果跟撒拉讲这件事，她能同意吗？

肉体的意念和罪性尚存的撒拉，起来反对，极力阻挠是必然的。亚伯拉罕心里十分清楚，便不与撒拉商量，自己一个人带着以撒上路。亚伯拉罕对神的话绝对顺从，不被周围环境所左右，毫无更改或不顺从的意念。神看中亚伯拉罕的心志，悦纳其心灵的馨香，使万事都为亚伯拉罕效力。

3. 亚伯拉罕和以撒对神完全的顺从

> 以撒对他父亲亚伯拉罕说："父亲哪！"亚伯拉罕说："我儿，我在这里。"以撒说："请看，火与柴都有了，但燔祭的羊羔在哪里呢？"亚伯拉罕说："我儿，神必自己预备作燔祭的羊羔。"于是二人同行。他们到了神所指示的地方，亚伯拉罕在那里筑坛，把柴摆好，捆绑他的儿子以撒，放在坛的柴上。亚伯拉罕就伸手拿刀，要杀他的儿子。（22章7-10节）

正在跟着父亲上山的以撒，感觉有些奇怪：火与柴都有了，燔祭的羊羔却没有。便问亚伯拉罕燔祭的羊羔在哪里。

亚伯拉罕回答说："我儿，神必自己预备作燔祭的羊羔。"这不是哄骗以撒的意思，而是向神交托一切的信仰体现。

以撒在父亲捆绑自己并正要杀他献祭时没有任何反抗。父亲无论对他作什么，他都乐意顺服。对这样的以撒，亚伯拉罕没有必要向他隐瞒什么，但说"燔祭的供物就是你"和说"我儿，神必自己预备作燔祭的羊羔"，两者所体现出来的善的境界截然不同。

这样，面对同样的境遇，按人心里所存的善，说出来的话也有分别。但要明确的是，不能以为亚伯拉罕这样说可能是因为期望神预备其它供物取代以撒。这是亚伯拉罕"一切尽在神的美意中，神亲领成就"的宣信。

到了献祭的地方，亚伯拉罕毫不犹豫地遵照燔祭的程序行动。先筑坛，然后把柴摆在其上，继而捆绑以撒，放在坛的柴上，伸手拿刀对准以撒。此刻，亚伯拉罕是否为亲情所动，心志有所摇摆？或满心哀伤和悲痛？绝非如此。直至拿刀要杀以撒的最后一刻，亚伯拉罕不被亲情所累，动用人意，始终视遵行圣命高于一切。用属肉的眼光看，亚伯拉罕似乎是一个绝情的父亲，然而从属灵的角度看，这恰恰是爱神高于一切的崇高信仰的体现。

属灵人的品质体现在不论面对何种境遇和状况，都能恒定不变地遵从神的旨意。在他们口中没有"本想好好做这件事，却因中间遇到某种事情而不得不放弃"；"重新考量后，觉得这样做更为合理有效，才作出了这一选择"的借口或理由。

若是抱着"既定之事不能更改，只能做到底"这种心态，勉强而行，这也不是完全的顺从。亚伯拉罕献独子以撒为燔祭，内心始终保持平静和安详。这是他平安心境的自然流露，绝不是刻意的表现。亚伯拉罕心中始终充满着欢喜并感恩之情。

且论以撒，父亲未曾给他细讲献他为燔祭的深意，只是告诉他这是神的旨意。即便如此，以撒不作任何反抗，甘心情愿顺从父亲的意思。

面对需要献出自己生命的时刻，以撒所作出的选择，充分表明他诚然信神并信靠父亲亚伯拉罕。在他心目中，父亲亚伯拉罕素来就是深明神的旨意并专心顺从神的人。因而确信父亲所行的事必合乎神的旨意。

如果没有这等确信和敬仰，在这件事上，以撒是很难顺服父亲之意的。由此可见亚伯拉罕得儿子信赖程度之深，说明亚伯拉罕的信实品行不仅得神的认可，也得儿子以撒的敬服。

亚伯拉罕长期与神进行深层的交通，有丰富的属灵体验，因此凡神吩咐他的事，即便异乎人的想法，也会凭信遵行。

而以撒则不同，他没有从神领受任何指示。尽管在父亲亚伯拉罕身边时常目睹和经历神奇妙的作为，然而他此时所面对的是生死之间的抉择。

他只听亚伯拉罕说把他献为燔祭是神的旨意。尽管如此以撒对父亲的话，没有半点存疑，更没有逃避之念或辩解之意。

4. 现在我知道你是敬畏神的了

> 耶和华的使者从天上呼叫他说:"亚伯拉罕!亚伯拉罕!"他说:"我在这里。"天使说:"你不可在这童子身上下手,一点不可害他。现在我知道你是敬畏神的了,因为你没有将你的儿子,就是你独生的儿子,留下不给我。"(22章11-12)

亚伯拉罕举刀正要杀以撒的瞬间,有一个声音呼叫他说:"亚伯拉罕!亚伯拉罕!"神看见亚伯拉罕的信志和美行,悦纳其馨香之气,就通过使者急切呼叫亚伯拉罕。

亚伯拉罕说"我在这里",这个回答不是因为料想此果而提前设计好的,也不是出于期望神此刻能够撤回祂命令的那种侥幸心态。亚伯拉罕行动十分果断,毫不耽延,于是耶和华的使者用急促的声音,一连两次呼叫亚伯拉罕的名字说:"亚伯拉罕!亚伯拉罕!"

亚伯拉罕从始至终显出全备的信和完全的顺从,通过了这场试验。神就通过使者说:"你不可在这童子身上下手,一点不可害他。现在我知道你是敬畏神的了,因为你没有将你的儿子,就是你独生的儿子,留下不给我。"

神对亚伯拉罕向神的爱心、信心和敬畏之心给予了充分的肯定。而读到这里,或有人提出疑问:神难道不经过试验,就不知道亚伯拉罕是敬畏祂的吗?

预知一切的神，当然知道亚伯拉罕将怎样通过这场试验，且参透他有敬畏神的心志，但仍要试验亚伯拉罕，是为了使他免受撒但任何的控告，能够获赐应得的福分和信心之父的美誉。让他全备的信有个确实的凭据，使仇敌魔鬼、撒但无任何把柄可以用来控告亚伯拉罕。

神说"现在我知道你是敬畏神的了"，是神因在耕作人类的圣工中获得最上等的果子亚伯拉罕，而表达出的欣喜之情。

试验既已通过，亚伯拉罕是否可以带着以撒欣然踏上归途呢？回答是：不。亚伯拉罕还要照所约定的献上燔祭：虽然得免献子以撒，但燔祭还是照样要献的。神差遣使者叫他不要在以撒身上下手，并不等于说可以不献燔祭。

5.神为亚伯拉罕预备献祭的公羊

> 亚伯拉罕举目观看，不料，有一只公羊，两角扣在稠密的小树中，亚伯拉罕就取了那只公羊来，献为燔祭，代替他的儿子。亚伯拉罕给那地方起名叫耶和华以勒（意思就是"耶和华必预备"），直到今日人还说："在耶和华的山上必有预备。"
> （22章13-14节）

亚伯拉罕此时需要一个供物来代替以撒。神感动亚伯拉罕的心，使他举目观看，他就发现了有一只公羊，两角扣在稠密的小树中。亚伯拉罕取了那只公羊献为燔祭以取代以撒，又给那地方起名叫"耶和华以勒"。

耶和华以勒意为"耶和华必预备"，包涵着"时常看顾圣徒，预备圣徒所需"之意。

另外"耶和华的山"所代表的意义是：神必按祂所定的旨意成就一切事。亚伯拉罕经受熬炼，通过了献独子以撒的试验，结果得誉为信心之父。这一切尽在神向他预定的旨意中。

"在耶和华的山上必有预备"又有着"神按所定的旨意，预备并成就一切"之蕴意。亚伯拉罕因体悟到神细致周全的引导，又因发现神为他预备的公羊，得以在无限感恩、喜乐中献上馨香的燔祭。

亚伯拉罕献以撒的时候，毫无踌躇和犹豫。但此时的儿子以撒，对他好像是从死中得回一样，激动的心情难以用语言来形容。尤其是神悦纳亚伯拉罕的信心和美行，连献祭的公羊也预备好，让他更为感恩。

6. 被誉为信心之父、万福之源

> 耶和华的使者第二次从天上呼叫亚伯拉罕说："耶和华说：'你既行了这事，不留下你的儿子，就是你独生的儿子，我便指着自己起誓说：论福，我必赐大福给你；论子孙，我必叫你的子孙多起来，如同天上的星、海边的沙。你子孙必得着仇

敌的城门,并且地上万国都必因你的后裔得福,因为你听从了我的话。'"于是亚伯拉罕回到他仆人那里,他们一同起身往别是巴去,亚伯拉罕就住在别是巴。(22章15-19节)

神对通过献子为燔祭这一试验的亚伯拉罕,赐下祝福的应许:"你既行了这事,不留下你的儿子,就是你独生的儿子,我便指着自己起誓说:论福,我必赐大福给你;论子孙,我必叫你的子孙多起来,如同天上的星,海边的沙。"

那么,亚伯拉罕蒙神赐福的主要原因是什么?神以"因为你听从了我的话"这一句话来概括。可见蒙神赐福和应允的诀窍其实很简单:就是听从神的话。

因为爱神至深的缘故,亚伯拉罕甘心奉献自己最为宝贵的。亚伯拉罕以神的心为心,模成了神为我们人类不惜舍出自己独生的子那慈心爱怀。于是神赐亚伯拉罕以信心之父、万福之源的尊荣美誉。

7.为应许之子以撒预备配偶

这事以后,有人告诉亚伯拉罕说:"密迦给你兄弟拿鹤生了几个儿子:长子是乌斯,他的兄弟是布斯和亚兰的父亲基母利,并基薛、哈琐、必达、益拉、彼土利(彼土利生利百加)。"这八个人都是密迦给亚伯拉罕的兄弟拿鹤生的。

拿鹤的妾名叫流玛，生了提八、迦舍、他辖和玛迦。(22章20-24节)

经过献以撒为燔祭的事件后，亚伯拉罕听到弟弟拿鹤生了几个儿子的消息。

一览经上拿鹤的家谱，单从字面所能获知的信息只是：亚伯拉罕的弟弟拿鹤生了八个儿子。但从灵意层面查考，我们从中可以悟出神对亚伯拉罕和其应许之子以撒的计划之精妙和引导之周全。此话怎讲？

且看创世记24章3-4节，到了时候，亚伯拉罕把管理他全业最老的仆人差往他本地本族中去，为以撒娶一个妻子。因为选民以色列不能出于外邦女子。亚伯拉罕的老仆人经神的引导遇见了合适的女子，她正是亚伯拉罕的弟弟拿鹤之子彼土利的女儿利百加。

利百加的祖父拿鹤与亚伯拉罕是兄弟。利百加的祖母密迦又是亚伯拉罕的另一个兄弟哈兰的女儿。因此利百加是亚伯拉罕族系中继承纯正血统的女子。由此可知，神为应许之子以撒早已预备好合适的配偶，甚至为此亲自管理亚伯拉罕旁系亲属的世系，以确保其血统的纯正。

神使亚伯拉罕听到拿鹤家里的消息，叫他心有所感，能够提早为以撒找一个配偶，免得到了婚娶的年龄才匆忙物色。亚伯拉罕听到这一消息，摸清了家乡的景况，就顺着所赐的感动，差遣自己的老仆人前去为以撒择偶。

亚伯拉罕作事从来不照自己的意思，而单单顺着所赐的感动，并提前作好充分的准备，而且直到时候满足，恒心忍耐和守望。对以撒的婚事，也按神的指引选择了最恰当的时节。

以撒迎娶利百加是在他年四十岁的时候（创世记25章20节）。假如亚伯拉罕动用人意，觉得应该早点从自己年迈所得的儿子见到后嗣，急忙操办以撒的婚姻，便很容易使以撒的婚事偏离神的旨意。

而亚伯拉罕作事从来不以人意当先。他凡事仰望神的旨意，恒心守望神的定期，等到时候满足，就照所赐的感动，差人到本地本族那里去，为以撒娶亲。亚伯拉罕就是这样凡事寻求神的旨意，体贴神的心意而行。

拓展分享之六

服从、顺从、顺服的差异

　　亚伯拉罕被誉为"信心之父"和"神的朋友"的最关键因素是什么？
　　正是信靠能叫人从死里复活的神，活出对神凡事顺从的信仰。

　　圣经屡屡强调听从神话的重要性，如"听命胜于献祭"等。然而按行为的主体，即实施行为的人所存的动机，可分为服从、顺从和顺服这三种不同境界。

从父母和儿女之间关系上论服从、顺从和顺服的差异

　　儿女听从父母的嘱咐，心态各有分别。
　　有的心里不情愿，只是出于本分道义上的考虑而勉强从之。这种勉强或仅仅出于责任和义务的行为，不叫顺从，而叫服从。

还有较之善良的儿女，他们的听从是出于讨父母宽慰的动机。即使吩咐他们作难以理解的事，也会本着爱心百分之百欣然从之，使父母心里舒畅。这就是顺从。

再有超越顺从的一种境界，那就是顺服。顺服是指体贴吩咐者的心意而从之。当父母吩咐作某事时，会体贴父母的意愿而行。为人父母者若有这样的儿女，会是多么欣喜和快慰！

亚伯拉罕从顺从到顺服的过程

对神任何一种指示，亚伯拉罕都作出绝对的顺从。即使吩咐他作不合常理的事，他也会即刻顺从，绝不人意当先迟疑不定。

当神吩咐亚伯拉罕说"你要离开本地、本族、父家，往我所要指示你的地去"（创世记12章）时，亚伯拉罕虽不知往哪里去，却断然离开安乐的家园，抛弃稳定的基业，别离亲人家属，踏上漂泊无定的旅途。

当时的亚伯拉罕还不能明白神命他行这事的深层意旨。他的信仰正处于因着爱神敬神的缘故，相信其中必有神的美意而顺从的阶段。

而创世记22章献独子以撒为燔祭的事件中，亚伯拉罕所体现出的不是顺从，而是顺服的境界。顺从神的命令而离开本地父家的亚伯拉罕，在外经历各种熬炼的过程中，对神的信心和爱心日益加增，得以深悟神的心怀意旨。因而当神命他献独子以撒的时候，没有任何借口理由，反而甘心乐意地顺服从命。

　　神命"献子作燔祭"的指示，若是体贴人意，是很难顺从的。但亚伯拉罕坚信神善良的旨意，并且心中对顺从的结果也有十分的把握。就是说亚伯拉罕因深信即便把以撒献为燔祭，神也必叫以撒从死里复活，成就祂在以撒身上的美意，便能作出完全的顺从，活出了顺服的信仰境界。

"我生平从未有过灾病,
从未有过苦痛,从未有过劳苦艰辛,
感谢父使我一生身心安康,
凡事亨通。
更令我感谢是,
父使我得享
气绝离世后依偎您怀中的指望。

父啊,
感谢您,使我满怀感恩、温馨与喜乐,
在这生命的最后一刻……

我相信,此后一切尽在父的旨意中,
我虽放下肉身的使命,
父所定的筹划,
必照父的旨意成就,
在儿子身上所定的美意,亦必完美告终。"

第三部

爱与福

成为神的朋友之后所蒙的福分

第三部

亚伯拉罕完全在神的爱中走过了他的信仰历程。
凡事遵从神的旨意,
得享包括健康长寿、回返青春、
人丁兴旺、资财丰盛等人间一切的美福。
以爱神为至上,蒙神厚爱的亚伯拉罕!
亚伯拉罕成为神耕作人类历史中光耀闪亮的果子,
将来在神宝座所在的新耶路撒冷,永享极大尊荣。

第十二章

撒拉的命终和葬地
麦比拉洞

为撒拉之死忧伤哀恸的亚伯拉罕
凡事以谦卑的情怀、良善的智慧秉行正道
知人心之诡诈,断然推辞所施好处
用四百舍客勒买妥麦比拉洞安葬故人

1. 为撒拉之死忧伤哀恸的亚伯拉罕

> 撒拉享寿一百二十七岁，这是撒拉一生的岁数。撒拉死在迦南地的基列亚巴，就是希伯仑，亚伯拉罕为她哀恸哭号。后来亚伯拉罕从死人面前起来，对赫人说："我在你们中间是外人，是寄居的，求你们在这里给我一块地，我好埋葬我的死人，使她不在我眼前。"（23章1-4节）

撒拉死在迦南地的希伯仑，享年一百二十七岁。较比活到一百七十五岁的亚伯拉罕，撒拉算是短寿。撒拉身为信心之父、完全人——亚伯拉罕的妻子，理应具备相称的信心，可是她仍受肉体意念的辖制，心里的恶没有除尽。尽管常年在亚伯拉罕身边见闻和经历其善美品行，灵性境界却与亚伯拉罕相距甚远。

而亚伯拉罕并不因此嫌弃撒拉，反倒对撒拉爱怜有加，切望她能同进天国一处，同享至大的尊荣。但最终未能如愿。

与神深交的亚伯拉罕，通晓来世的奥秘，包括人死后的审判、天国和地狱，乃至撒拉凭自己的信心水准，死后将得进天国怎样的居所。因此，亚伯拉罕面对撒拉的死，甚是悲哀和伤痛。

撒拉是与他相守一生的伴侣，是一同忍受种种熬炼的爱妻，是应许之子以撒的生母。因此亚伯拉罕切望撒拉将来能够同得天上至高尊荣。然而亚伯拉罕未能如愿，心里无比哀恸。那么，撒拉死后能得进天国何处呢？

当神赐予有关后嗣以撒的应许时，撒拉疑而不信，心里暗笑。尽管通过亚伯拉罕时常看见信实的神奇妙的作为，撒拉仍旧心里疑惑神的约言。

诚然信神的人，对神凡事都会作出绝对的顺从。然而撒拉总是体贴肉体，凡事以己意为先，不能顺从神的话。亚伯拉罕在献以撒为燔祭之前不与撒拉商量的原因就在这里。即便得知"这是神的旨意"，撒拉仍必极力反对和拦阻此事。

而且，在撒拉的心目中，儿子以撒并非神赐的应许之子，而是她年迈所生的亲生骨肉。因此，即便亲耳听到神"献以撒为燔祭"的吩咐，撒拉也不可能顺从神。因为她心中仍旧有恶欲存留。

从她对待夏甲和以实玛利的态度中可以看出她心中所存的各样恶性，包括自私、猜忌、嫉妒、唯我、夺利、仇他、己意当先、心无怜悯、专顾自己等等。

当然，旧约时代的人们没有圣灵的内住，难以作成心里的割礼。但通过亚伯拉罕与基拉耳王亚比米勒和周边族群的交往相处的做法，能够明白不能倚仗权势和力量欺凌弱小，和平局面需要出于爱的理解和包容来维持。

可是撒拉总是恶念藏心，常仗着自己主母身份，以势压人。尽管身边有一位杰出的信道楷模，却不肯效之，心意、行为一直没有改变。这样的人，配进天国怎样的居所？

路加福音12章47-48节说："仆人知道主人的意思，却不预备，又不顺他的意思行，那仆人必多受责打；惟有那不知道的，作了当受责打的事，必少受责打。因为多给谁，就向谁多取；多托谁，就向谁多要。"

撒拉正是这样的人：知道神的意思，却不顺神的意思行；蒙了厚恩和重托，向神却无所回报。虽是旧约时代，撒拉处在极佳的属灵环境中，却不能超越肉体欲念，心意行为未得转化。因此，撒拉却是勉强得救，其信心水准只够得进乐园，与更大的尊荣无缘。

在此暂且说明天国的住处：包括最底端的乐园和其上更美的第一层天国、第二层天国、第三层天国，还有最为荣美的圣城新耶路撒冷。

得进怎样的住处，取决于各人信心的大小。我们若是在世胜过罪恶，遵行真理，就是因信作成弃罪离恶成就圣洁的工夫，就可以获得将来得进更美的住处，得享更大的尊荣美福的资格。

乐园是那些勉强得救的人进入的住处，是天国里最底端的住处，没有赏赐可得。但那里的美丽环境和幸福生活是这地上所无与伦比的。得进其上的第一、第二、第三层天国，所获得的赏赐会递增加大，包括宏伟华丽的住房以及璀璨精美的冠冕等。

圣城新耶路撒冷是为那些对神作出贴心的顺从，具备得神喜悦之信心的人们所预备的住处，是天上最为荣美的地方。城中每个居民的住宅，仿佛一座巨大的城堡，用精金和各样的宝石所修饰，极其宏伟壮观。

神记念他们在世丢弃万事，就是为主放弃自己的所好所慕，报以相称的奖赏、安慰。受天军天使和天国众民的敬仰，永享至上的尊荣美福（参照《天国》（上）、（下））。

撒拉身为信心之父亚伯拉罕的妻子，却仅仅得救而进入乐园，着实令人惊诧。但查考圣经内容就可以明白撒拉进入乐园的因由。神的审判是严正的，照经上的话分毫不差地进行。

撒拉不会因在世身为亚伯拉罕的妻子、以撒的母亲，而得蒙迁就或宽免。反而因身为亚伯拉罕的妻子却只达到这一灵性水准而深感惭愧。

可以推想：深知来世之奥秘的亚伯拉罕，一定常给撒拉属灵的开导和提醒；劝勉和指点她明白神的旨意。可是撒拉并没有把这些教训放在心里。正由于如此，她的死，更令亚伯拉罕痛惜和悲哀。

亚伯拉罕想要在所住之地买一块地，安葬亡妻撒拉，对赫人说："我在你们中间是外人，是寄居的，求你们在这里给我一块地，我好埋葬我的死人，使她不在我眼前。"

亚伯拉罕知道赫人对他忌惮有加，也知道凭自己权势和威名，向他们提出任何要求，他们也不敢推辞。亚伯拉罕看中了哪块地，就可以直接向他们索要，但他反而降卑自己说"我在你们中间是外人，是寄居的"，乃要得他们的心。

亚伯拉罕虽寄居外邦，却能与周边族群和睦共处，其原因，一是这些外族势力惧怕与亚伯拉罕同在的神，二是亚伯拉罕具有巨大的权柄和强大的势力。连周边邦国的君王都对他不敢慢待。

但亚伯拉罕的心没有因此而高高在上，对人轻看。从他为亡妻购买葬地的过程，可以见出他是一个行思缜密，诚实正直的人。

2.凡事以谦卑的情怀、良善的智慧秉行正道

> 赫人回答亚伯拉罕说："我主请听。你在我们中间是一位尊大的王子，只管在我们最好的坟地里埋葬你的死人，我们没有一人不容你在他的坟地里埋葬你的死人。"亚伯拉罕就起来，向那地的赫人下拜，对他们说："你们若有意叫我埋葬我的死人，使她不在我眼前，就请听我的话，为我求琐辖的儿子以弗仑，把田头上那麦比拉洞给我。他可以按着足价卖给我，作我在你们中间的坟地。"（23章5-9节）

听了亚伯拉罕谦卑的请求，赫人回答说："我主请听。你在我们中间是一位尊大的王子，只管在我们最好的坟地里埋葬你的死人，我们没有一人不容你在他的坟地里埋葬你的死人。"

他们称亚伯拉罕为"我主"，且容他任意选择相中的地。从中可以看出亚伯拉罕当时的威信之高；亚伯拉罕可以任意说我要这块地，赫人也必甘心让出。说明亚伯拉罕当时具有相当大的权柄威名。

而亚伯拉罕向来谦恭礼让，宽以待人，向赫人求葬地的时候，他也虚己谦卑，向赫人郑重下拜。而且当赫人表示无偿赠送他这块地的时候，他也断然推辞并按着足价买妥那地。

亚伯拉罕愿意凡事按正道而行，没有图谋私利或占人便宜的心态，对位分低下的人也照样如此。因此，虽以足价买赫人之地，也仍显出谦卑的姿态。

人一旦得了权势，往往变得心高气傲，待人颐指气使，处事独断专行。骄傲的人受到别人的赞赏和抬举，就忘乎所以，目空一切，高高在上。而亚伯拉罕却恰恰相反。

凭他的权柄和势力，可以随便向人索取自己所需的，而亚伯拉罕毫无自私、贪婪和傲慢，宁可耗时费财也要遵循善道正路，赢得人心。

亚伯拉罕谦和的言行一方面是出于其谦卑之怀，另一方面是出于看透属肉之人心态的属善智慧。亚伯拉罕深知属血气的人容易变心，当下表示慷慨赠送那地，而时过境迁则有可能反悔，甚至要求返还那地。所以亚伯拉罕凭着属灵的远见，买妥那地，以绝后顾之忧。

3. 知人心之诡诈，断然推辞所施好处

> 当时以弗仑正坐在赫人中间。于是，赫人以弗仑在城门出入的赫人面前对亚伯拉罕说："不然，我主请听。我送给你这块田，连田间的洞也送给你，在我同族的人面前都给你，可以埋葬你的死人。"
> 亚伯拉罕就在那地的人民面前下拜，在他们面前对以弗仑说："你若应允，请听我的话。我要把田价给你，求你收下，我就在那里埋葬我的死人。"以弗仑回答亚伯拉罕说："我主请听。值四百舍客勒银子的一块田，在你我中间还算什么呢？只管埋葬你的死人吧！"（23章10-15节）

亚伯拉罕本想买赫人以弗仑田间的洞作为坟地。买卖是照着当时的惯例，选择在行人出入的城门口进行，使交易公开，众人为证，确保公平。以弗仑在城门出入的赫人面前对亚伯拉罕说："不然，我主请听。我送给你这块田，连田间的洞也送给你，在我同族的人面前都给你，可以埋葬你的死人。"

以弗仑叫亚伯拉罕为"我主"，说明以弗仑知道亚伯拉罕是何等人，便向亚伯拉罕表示自己的卑微。他公开表明要把亚伯拉罕选中的那块地白白送给亚伯拉罕。凭他口中之词，似乎是甘心相赠那

块地与亚伯拉罕。

然而亚伯拉罕当着众人的面回绝以弗仑说:"你若应允,请听我的话。我要把田价给你,求你收下,我就在那里埋葬我的死人。"洞悉人心的亚伯拉罕,坚持要以足够的价银买妥那块地。

以弗仑若是诚心要把那块地赠送亚伯拉罕,必再次恳请亚伯拉罕领受他的好意。然而,从以弗仑接下来的一句话,可以得知亚伯拉罕为何不领其情而执意要足价购买那地。

以弗仑对亚伯拉罕说:"我主请听。值四百舍客勒银子的一块田,在你我中间还算什么呢?只管埋葬你的死人吧!"说是免费赠送,但一听亚伯拉罕要出足价购买,以弗仑趁机提到田价。

话虽说你我之间无需计较,而心里却不舍得。从几句对话中,可以窥见以弗仑隐藏的心意。

亚伯拉罕看透其心思,岂肯领受其所谓的好意。如果白取那地,定为将来埋下隐患,说不定以弗仑的后代抵赖那是他们祖传的地业,要求返还,两造之间必起是非争端。于是亚伯拉罕机智地选择足价买妥那地,免得留下后患。

4. 用四百舍客勒买妥麦比拉洞安葬故人

> 亚伯拉罕听从了以弗仑,照着他在赫人面前所说的话,把买卖通用的银子,平了四百舍客勒给以弗仑。于是,麦比拉、慢利前、以弗仑的那块田和其中的洞,并田间四围的树木,都定

准归与亚伯拉罕,乃是他在赫人面前,并城门出入的人面前买妥的。此后,亚伯拉罕把他妻子撒拉埋葬在迦南地幔利前的麦比拉田间的洞里。幔利就是希伯仑。从此,那块田和田间的洞,就藉着赫人定准,归与亚伯拉罕作坟地。(23章16-20节)

亚伯拉罕以价银四百舍客勒从以弗仑买下了那块地。四百舍客勒银子,用现代的货币概念去估其价值是很难的,但一舍客勒银子相当于当时普通工人四天的工价。

比如说今天工人平均日薪为十万元(韩元;约合人民币六百元),那么一舍客勒银子相当于四十万元(约合人民币两千四百元),亚伯拉罕所付的四百舍客勒银子,就相当于现在的一亿六千万元(约合人民币九十五万元),是相当可观的数额。

这样,亚伯拉罕公开购买麦比拉、幔利前、以弗仑的那块田和其中的洞,并田间四围的树木,全都归为自己所有,众人为证,无可非议。后来麦比拉洞成为亚伯拉罕和以撒,乃至以撒之妻利百加、雅各和其妻利亚的安葬之所。

亚伯拉罕本着属善的智慧,作事灵明,不留破口。人有属善的智慧,能使恶人敬仰佩服,这样的人可作神重用的器皿,大大扩张神的国度。要想获得属善的智慧,必须开阔心量,慷慨舍己,无私去欲,行事正直。

第十三章

亚伯拉罕的老仆人和以撒之妻利百加

- 奉命为以撒娶妻的老仆人
- 信靠主人亚伯拉罕，起誓忠诚顺命
- 蒙神的引导寻见利百加
- 到利百加家里陈述始末缘由
- 以撒和利百加的婚事谈妥
- 以撒娶利百加为妻

1. 奉命为以撒娶妻的老仆人

> 亚伯拉罕年纪老迈，向来在一切事上耶和华都赐福给他。亚伯拉罕对管理他全业最老的仆人说："请你把手放在我大腿底下。我要叫你指着耶和华天地的主起誓，不要为我儿子娶这迦南地中的女子为妻。你要往我本地本族去，为我的儿子以撒娶一个妻子。"（24章1-4节）

约翰三书1章2节说"亲爱的兄弟啊，我愿你凡事兴盛，身体健壮，正如你的灵魂兴盛一样"，亚伯拉罕的生平正是这段圣言的真实写照。

亚伯拉罕通过献独子以撒这最后一场试验以后，他的生命中充满了神的祝福。亚伯拉罕虽然年事已高，身体却没有衰败。生了以撒以后，反而更加健壮，一连又生了六个儿女。

而且正如经上所言"向来在一切事上耶和华都赐福给他"，亚伯拉罕得到凡事兴盛的福分，得享富贵尊荣和极大权柄。神作他随时的帮助，使所行的道路畅通无阻，凡所怀的愿无不成就。

除了这一切美福以外，亚伯拉罕身边还有一位可以放心托付一切的亲信。正是管理他全业最老的仆人。当时亚伯拉罕拥有庞大的资产，管理他全业的一定是其最为信任的人，具有诚实正直的品行。

这里"最老的仆人"不单指其年岁，也表明他与亚伯拉罕同甘共苦许多年。老仆人时常经历与亚伯拉罕同在的神奇妙的大能。他在漫长岁月中始终陪伴在亚伯拉罕身边，可想而知他是一个诚心爱戴和服侍自己主人的人。

亚伯拉罕选择自己最为信赖，而且对神有忠信的仆人，委以给以撒择偶之重托。应许之子以撒娶什么样的女人，是一件影响全局的大事。

因为妻子的作用、母亲的作用是很重要的，所以亚伯拉罕在选择儿媳的事上分外谨慎。亚伯拉罕将这件事完全向神交托和仰赖，不掺杂任何人意的成分或属世的筹算。

亚伯拉罕叫老仆人把手放在他大腿底下起誓。大腿是支撑身体的关键部位。所代表的属灵含义是：凡事照正道行、所立之约坚定不变，以及一切由神安排和成全。

因此，亚伯拉罕叫仆人把手放在他大腿底下，表明亚伯拉罕和仆人在肉体上的亲近关系，相互之间有着坚实的信赖，又隐含神对亚伯拉罕通过以撒要成就的应许，坚定不变，到期必成的属灵含义。

老仆人照着吩咐把手放在主人的大腿底下，亚伯拉罕就对他说"我要叫你指着耶和华天地的主起誓"。这是亚伯拉罕向神祈求仰望，愿神给他所赐的应许能够顺利、完满地成就。这样的老仆人奉命去成就神这一重大约言，是最合适的人选。

神记念亚伯拉罕，使老仆人一路亨通。老仆人悟透此深意，在为以撒娶妻的过程中，专心倚靠他主人亚伯拉罕的神。他不忘自己是奉差为亚伯拉罕办事的仆人，不凭自己的经验和智慧，专靠他主人的神而行。

亚伯拉罕差遣仆人为以撒娶妻时强调一个重要条件，就是不要迦南地的女子，要到他的本地去，从他亲族中选娶。以撒虽是神应许的后嗣，但若给他娶外邦女子为妻，其后果将会如何，亚伯拉罕心里很清楚。亚伯拉罕更是深明神的旨意，便对仆人强调一定要到他族系中选一个女子。

当时亚伯拉罕的名声传遍四方，而且财富甚多，权势极大。因此很多人愿意与亚伯拉罕结亲以求联盟，其中自然不乏条件好的女子。但因主人禁忌外邦女人，老仆人就往主人的家乡本族那里去。

那么，为以撒娶妻的事既然如此重要，亚伯拉罕为何不亲自去办理？直接把儿子以撒一同带去，亲自选合适的女子不就更稳妥吗？

如果亚伯拉罕领着众仆人前往，其富贵和权势必会尽显，也必引得人们争相攀亲。因为攀权附贵是大多数人的心态。

亚伯拉罕深明此理,便差遣年老位卑的仆人前去,免得以撒的华贵背景羡煞众人,乱了择偶的初衷。于是免去一切体面排场,使为以撒择偶的事能够完全在神的引领下成就。

2.信靠主人亚伯拉罕,起誓忠诚顺命

> 仆人对他说:"倘若女子不肯跟我到这地方来,我必须将你的儿子带回你原出之地吗?"亚伯拉罕对他说:"你要谨慎,不要带我的儿子回那里去。耶和华天上的主,曾带领我离开父家和本族的地,对我说话向我起誓说:'我要将这地赐给你的后裔。'他必差遣使者在你面前,你就可以从那里为我儿子娶一个妻子。倘若女子不肯跟你来,我使你起的誓就与你无干了,只是不可带我的儿子回那里去。"仆人就把手放在他主人亚伯拉罕的大腿底下,为这事向他起誓。(24章5-9节)

领受为以撒择偶使命的老仆人,请教亚伯拉罕一个问题,就是到了主人的亲族那里所选中的女子若是不肯跟他到迦南地来,是否要将以撒也带回那里去。

老仆人虽有顺从的诚意,但心里有一个疑虑,就是"哪个女子能只凭我的话就信这事,并离开父母随我到迦南地来"。既没有带要作新郎的人去,又没有什么可靠的凭据,"人们若是不信我的话可怎么办?"老仆人心中有这样一丝担忧。

但这不算是肉体的意念。老仆人若是动用肉体的意念，一开始就可能会要求带以撒去，或者求主人给他能够证明他话的某种凭据或信物。

老仆人按照自己的信心水准倾心尽力为主人效忠，但对自己力不能及的部分，提前诚恳地求问主人的意思，以求凡事体贴主人的心意而行。这样，求问主人的意愿而后行事，强如在主人面前誓言必照主人的意思办，回过头来却按自己主观的想法处置。

亚伯拉罕回答仆人说："你要谨慎，不要带我的儿子回那里去。"并说神必差遣使者在他面前。意思是：不要动用人意，只要专心仰赖和遵从神的引领。

这就是亚伯拉罕的信仰。为以撒择偶这件事非因老仆人的忠信而成就，老仆人只是代表亚伯拉罕去履行神对亚伯拉罕的承诺。

当然，老仆人对神的信心固然重要，而更重要的是他对自己的主人、先知亚伯拉罕的忠信。老仆人认定在自己信心和能力不足的情况下，只要信靠和听从他主人亚伯拉罕，神必照亚伯拉罕的信心使他所办的事尽都顺利（历代志下20章20节）。

亚伯拉罕接着说："倘若女子不肯跟你来，我使你起的誓就与你无干了。"如果亚伯拉罕的老仆人所选定的女子若是不肯跟他来，会怎样呢？

难道神对亚伯拉罕不保守到底？与亚伯拉罕所立的约落空不成？不会。更准确地说是绝不可能。根本就不必担心女子肯不肯跟着来，也不必为所起的誓担责。

亚伯拉罕这话绝非假设，而是带着神必成就此事的笃定信念说的。所以紧接着说"不要带我的儿子回那里去"，意思是：女子定会跟着来，无需把以撒带回那里去。

仆人听罢就把手放在亚伯拉罕的大腿底下，为这事向他起誓。说明老仆人心中的疑虑已被消除，凭信领受主人的话。老仆人对自己的顾虑毫不掩饰，听了主人的凭信告白，顾虑瞬间打消，"信"得坚固。

3. 蒙神的引导寻见利百加

> 那仆人从他主人的骆驼里取了十匹骆驼，并带些他主人各样的财物，起身往美索不达米亚去，到了拿鹤的城。天将晚，众女子出来打水的时候，他便叫骆驼跪在城外的水井那里。
>
> 他说："耶和华我主人亚伯拉罕的神啊，求你施恩给我主人亚伯拉罕，使我今日遇见好机会。我现今站在井旁，城内居民的女子们正出来打水。我向哪一个女子说：'请你拿下水瓶来，给我水喝'，她若说：'请喝，我也给你的骆驼喝。'愿那女子就作你所预定给你仆人以撒的妻。这样，我便知道你施恩给我主人了。"话还没有说完，不料，利百加肩头上扛着水瓶出来。利百加是彼土利所生的，彼土利是亚伯拉罕兄弟拿鹤妻子密迦的儿子。

那女子容貌极其俊美，还是处女，也未曾有人亲近她。她下到井旁打满了瓶，又上来。仆人跑上前去迎着她说："求你将瓶里的水给我一点喝。"女子说："我主请喝。"就急忙拿下瓶来，托在手上给他喝。女子给他喝了，就说："我再为你的骆驼打水，叫骆驼也喝足。"她就急忙把瓶里的水倒在槽里，又跑到井旁打水，就为所有的骆驼打上水来。

那人定睛看她，一句话也不说，要晓得耶和华赐他通达的道路没有。骆驼喝足了，那人就拿一个金环，重半舍客勒，两个金镯，重十舍客勒，给了那女子，说："请告诉我，你是谁的女儿？你父亲家里有我们住宿的地方没有？"女子说："我是密迦与拿鹤之子彼土利的女儿。"又说："我们家里足有粮草，也有住宿的地方。"

那人就低头向耶和华下拜，说："耶和华我主人亚伯拉罕的神是应当称颂的，因他不断地以慈爱诚实待我主人。至于我，耶和华在路上引领我，直走到我主人的兄弟家里。"

（24章10-27节）

老仆人取了主人十匹骆驼并带着各样的财物出发了。他带着主人的十匹骆驼和各样财物去，诚然是见那女子时要用来表示主人心意的，事成可将骆驼和财务送作礼物，并非带着任何私心欲念为己所用。

后来老仆人把这些财物全部送给了利百加和她的家人。把金器、银器和衣服送给利百加，又将宝物送给她哥哥和她母亲。老仆人这样做，也不是出于向人示好的目的，若是那样，定会事先把金银宝物显给他们看。然而他是等到利百加和以撒的婚约成立后，才把礼物送给利百加和其家人。老仆人带这些财物去显然没有任何自用私心，纯粹是出于向女子和其家人传达主人的郑重诚意。

老仆人从迦南地启程前往美索不达米亚，到了拿鹤的城。他本不知这是什么地方，经过探问才得知此地恰巧是亚伯拉罕的兄弟所住的城邑，便赞美神说"耶和华我主人亚伯拉罕的神是应当称颂的"。

天将晚，老仆人到了城外一座水井那里，正是众女子出来打水的时候。这明显是神的引导。在神细致周全的引导下，亚伯拉罕的仆人得以最快的时间遇见神所预备的女子。

此时仆人求神记念他主人亚伯拉罕，使他所办的事尽都顺利，说："耶和华我主人亚伯拉罕的神啊，求你施恩给我主人亚伯拉罕，使我今日遇见好机会。"

他将自己一路蒙神的引导归结为神因着亚伯拉罕所赐的恩典。并不是将顺利遇见众女子认作自己的幸运，而表白这一切都是神因着亚伯拉罕所施与自己的恩。

如此纯全无私的祈求，怎能不蒙神垂听！老仆人就在那里顺利找到神所预备的女子利百加。那么老仆人他是怎样认出此女是神所预备的女子呢？老仆人之前专心仰赖祈求神说："我现今站在井旁，城内居民的女子们正出来打水。我向哪一个女子说：'请你拿下水瓶来，给我水喝'，她若说：'请喝，我也给你的骆驼喝。'愿那女子就作你所预定给你仆人以撒的妻。这样，我便知道你施恩给我主人了。"

仆人求神显个兆头给他。神就垂听他的祷告，成全他。仆人话还没有说完，有一个女子肩头上扛着水瓶来到井旁。仆人求她给一点水喝，女子就急忙拿下瓶来，托在手上给他喝。又跑到井旁打水，饮他所有的骆驼。

这女子的行动竟与仆人所求的内容如此吻合。见此光景，仆人的心情如何？一定是感慨记念他主人亚伯拉罕而垂听他的祷告，一路引领他成就此事的神奇妙的安排。不过老仆人没有就此轻易断定这就是那个要找的女子，而想要进一步证实这是神的引导。

仆人拿一个金环和两个金镯给了那女子，说："请告诉我，你是谁的女儿？你父亲家里有我们住宿的地方没有？"女子说："我是密迦与拿鹤之子彼土利的女儿。……我们家里足有粮草，也有住宿的地方。"

老仆人出发前从亚伯拉罕口中得知关于他家乡的情况和家族关系，包括他的家乡都有哪些亲属、有几个兄弟，各自家庭关系如何等等。当老仆人从女子口中听到拿鹤、密迦和彼土利这些名字的时候，就立刻断定自己实在是寻到了主人的兄弟一家。

他再次感悟到神周全的安排和细致的引领。见到这一系列明显的兆头，老仆人肃然俯首，感恩向神下拜，并将荣耀归于这位全能的真神。

4.到利百加家里陈述始末缘由

女子跑回去，照着这些话告诉她母亲和她家里的人。利百加有一个哥哥，名叫拉班，看见金环，又看见金镯在他妹子的手上，并听见他妹子利百加的话，说那人对我如此如此说。

拉班就跑出来往井旁去，到那人跟前，见他仍站在骆驼旁边的井旁那里，便对他说："你这蒙耶和华赐福的，请进来，为什么站在外边？我已经收拾了房屋，也为骆驼预备了地方。"那人就进了拉班的家。拉班卸了骆驼，用草料喂上，拿水给那人和跟随的人洗脚，把饭摆在他面前，叫他吃。他却说："我不吃，等我说明白我的事情再吃。"拉班说："请说。"

他说："我是亚伯拉罕的仆人。耶和华大大地赐福给我主人，使他昌大，又赐给他羊群、牛群、金银、仆婢、骆驼和驴。我主人的妻子撒拉年老的时候，给我主人生了一个儿子，我主人也将一切所有的都给了这个儿子。我主人叫我起誓说：'你不要为我儿子娶迦南地的女子为妻，你要往我父家、我本族那里去，为我的儿子娶一个妻子。'

……我问她说：'你是谁的女儿？'她说：'我是密迦与拿鹤之子彼土利的女儿。'我就把环子戴在她鼻子上，把镯子戴

> 在她两手上。随后我低头向耶和华下拜,称颂耶和华我主人亚伯拉罕的神,因为他引导我走合适的道路,使我得着我主人兄弟的孙女,给我主人的儿子为妻。现在你们若愿以慈爱诚实待我主人,就告诉我;若不然,也告诉我,使我可以或向左,或向右。"(24章28-49节)

利百加尚且不知遇见这位老仆人对她意味着什么。在她眼里这人只是一个偶遇的路人。那人求水喝,就给他喝了,又见骆驼疲惫,就去打水饮足了它们;那人又问她是谁的女儿,于是就给他报了祖父、祖母和父亲的名字,仅此而已。

那人却甚喜乐,向神谢恩,并说神把他引导到他主人亚伯拉罕的兄弟家里。利百加跑回家里把这件事告诉了家人。

利百加的哥哥拉班听见此信,就急忙跑到井旁,迎接亚伯拉罕的老仆人,请他到家里。拉班卸了骆驼,喂上草料,拿水给他们一行洗脚,摆上饮食叫他们吃。而老仆人不肯吃反倒先求容他陈说此行的目的,乃至事情的始末根由。拉班静听老仆人的陈述。

老仆人先讲述他主人亚伯拉罕的情况,然后讲述他此行的因由,以及遇见利百加的前后经过。说他到了井旁祷告神说,若有女子,当他求水喝,就给他喝,又给他的骆驼喝,愿那女子就作神所预定给以撒的妻。

果然有一个女子照他祷告的行。他问那个女子是谁的女儿,那女子说自己是密迦与拿鹤之子彼土利的女儿,他便得知是亚伯拉罕的亲族,并确定此女定是神所预定给以撒的配偶。老仆人说完,就问利百加的父亲彼土利和她哥哥拉班,是否同意利百加和以撒这门亲事。

5.以撒和利百加的婚事谈妥

拉班和彼土利回答说:"这事乃出于耶和华,我们不能向你说好说歹。看哪,利百加在你面前,可以将她带去,照着耶和华所说的,给你主人的儿子为妻。"亚伯拉罕的仆人听见他们这话,就向耶和华俯伏在地。当下仆人拿出金器、银器和衣服送给利百加,又将宝物送给她哥哥和她母亲。

仆人和跟从他的人吃了喝了,住了一夜。早晨起来,仆人就说:"请打发我回我主人那里去吧!"利百加的哥哥和她母亲说:"让女子同我们再住几天,至少十天,然后她可以去。"仆人说:"耶和华既赐给我通达的道路,你们不要耽误我,请打发我走,回我主人那里去吧!"

他们说:"我们把女子叫来问问她",就叫了利百加来问她说:"你和这人同去吗?"利百加说:"我去。"于是,他们打发妹子利百加和她的乳母,同亚伯拉罕的仆人,并跟从仆人的,都走了。他们就给利百加祝福说:"我们的妹子啊,愿你作千万人的母!愿你的后裔得着仇敌的城门!"(24章50-60节)

得知始末经过的彼土利和拉班回答老仆人说:"这事乃出于耶和华,我们不能向你说好说歹。看哪,利百加在你面前,可以将她带去,照着耶和华所说的,给你主人的儿子为妻。"整个过程自始至终竟如此顺利,巧妙成就。

老仆人先是俯伏在地敬拜神,然后把金器、银器和衣服送给利百加,又将宝物送给她哥哥和她母亲。等到事情告成,老仆人才把所带来的贵重礼品送给利百加和其家人,以传达他主人的盛情。

老仆人在那里住了一夜,早晨起来,请求那家主人允许他带利百加回他主人那里去。利百加的母亲和她哥哥拉班感到意外,表示要让女子同他们再住些日子,至少十天,而那仆人仍然坚持要马上返回。

他们最后问利百加的意思,不料利百加竟然同意马上跟老仆人回去。神不仅感动了亚伯拉罕的老仆人,也感动了利百加,乃至她家人的心。如此的配搭默契,好像事前都安排好了似的。

利百加的心若是被肉体的私情所牵引,定会选择同家人多住几天。然而神记念亚伯拉罕而感动利百加的心,使她选择随从老仆人的意思。利百加为作以撒的妻子同老仆人启程上路,她哥哥拉班和她母亲出来送行,祝福她说:"我们的妹子啊,愿你作千万人的母!愿你的后裔得着仇敌的城门!"显然这祝福之词也是出于神的感动。

这与神对亚伯拉罕说"你子孙必得着仇敌的城门"(创世记22章17节)这句话一脉相承,这一祝福后来通过出身以色列民族的耶稣得以应验。

6.以撒娶利百加为妻

> 利百加和她的使女们起来，骑上骆驼，跟着那仆人，仆人就带着利百加走了。那时，以撒住在南地，刚从庇耳拉海莱回来。天将晚，以撒出来在田间默想，举目一看，见来了些骆驼。利百加举目看见以撒，就急忙下了骆驼，问那仆人说："这田间走来迎接我们的是谁？"仆人说："是我的主人。"利百加就拿帕子蒙上脸。仆人就将所办的一切事都告诉以撒。以撒便领利百加进了他母亲撒拉的帐棚，娶了她为妻，并且爱她。以撒自从他母亲不在了，这才得了安慰。（24章61-67节）

利百加辞别亲人，挥别家乡，跟随老仆人上路，去迎接新的生活。

这天傍晚，以撒在田间默想，举目一看，见远处来了些骆驼，就前去迎接。利百加得知就近他们的男子正是以撒，就拿帕子蒙上了脸。老仆人向以撒仔细讲述自己办事的一切经过。

以撒便领利百加，就是神为他预备的妻子进了他母亲撒拉的帐棚，娶了她为妻。利百加便作了以撒之妻，成为一个蒙福的人，得以在神与信心之父亚伯拉罕所立的约上有份。

拓展分享七

亚伯拉罕的老仆人的美行与内心品质

老仆人求神显明兆头的内心动机

亚伯拉罕的老仆人为了确定预备作以撒之妻的女子，求神显给他具体的兆头，就是看见哪一个女子有如何如何的表现，就认定她就是神所预定作以撒之配偶的。

这不是试探神。也不是出于侥幸心态，或在私欲己意的驱使下跟神谈条件，而是出于善心的祷告，是专心诚意要遵从神的引导，完满成就主人的心愿。

神也不当那是对祂的试探，反而悦然动心，照他所求的成全他。总而言之，亚伯拉罕的老仆人向神求预兆，乃是因为全然相信神必记念亚伯拉罕而使他所办的事尽都顺利。

老仆人慎重辨认神的旨意

老仆人虽看见事情照自己所求的成就，却没有急于下结论。虽明明是按照神的感动作了祷告，并且得了应允，但仍要再次确定神的旨意，慎重行事。他进一步获得确据后，才完全断定是神的应允，并称颂神，又将荣耀归于神。

在此需要分清的是：明知是神的旨意却因与自己的观念不一致而心存疑惑，再求显证的情况，和老仆人为慎重起见进一步证实神的旨意截然不同。

老仆人赠送利百加金环和金镯的含义

"环"包涵"约束"之意，但这里有着"神圣工的一环"和"神必成就此事"的蕴意。老仆人把金环赠给利百加是"事已成就"的印证。就是以此为"神照祂所说的成就了此事"的凭据。

老仆人向拉班真实地讲述始末经过

亚伯拉罕的老仆人向拉班真实地讲述了始末经过。包括主人如何向他指示，自己如何向神祷告，祷告又怎样显应，无所加减，如实陈述。老仆人没有擅自更改或往利于自己的方面解释他主人亚伯拉罕的话。也没有对神的作为作出随意的断定或解释，只是诚诚实实地讲述真实情况。

因为老仆人真实地说明神的旨意，便引出了拉班"这事乃出于耶和华"的告白。惟有心里诚实的人，才能如实地传达信息，不会为利欲所趋而更改其词。人们办事的时候往往为了使言辞更具说服力，进行刻意的增减，然而惟有真诚和信实，才是蒙神帮助，凡事亨通的途径。我们务要明白且要铭记这一真理。

老仆人不求自己益处的品性

老仆人被请到拉班家里，面对摆好的饮食说"我不吃，等我说明白我的事情再吃"，体现出对自己使命的忠心。长途跋涉，一路颠簸，身心疲乏，看见事情又如此顺利，先吃点饭加添心力体力再谈正事也无妨，然而老仆人却毫无此念，而是先把事情办好，才享用饮食。

不仅如此，老仆人在那里住了一宿，第二天清早就要赶回他主人那里去。使命已经完成，在那里多休养几天，享受他们一家人的款待也无碍，但老仆人没有半点私心欲念，一心想早点把这好消息带给他的主人，因他先想到的是盼等此信的主人焦切之心。

直到完成使命，回到主人身边的那一刻，老仆人的心里只有忠诚之念。亚伯拉罕的老仆人始终以主人的心为心，忠实履行所托付的使命。因具有这等美好的品行，老仆人始终得到亚伯拉罕的信任，并蒙神细致周全的引导。

第十四章

信心之父亚伯拉罕的命终与其使命

后妻基土拉所生六子之后裔
承继亚伯拉罕正统世系的以撒
亚伯拉罕的命终与殡葬

1. 后妻基土拉所生六子之后裔

> 亚伯拉罕又娶了一妻，名叫基土拉。基土拉给他生了心兰、约珊、米但、米甸、伊施巴和书亚。约珊生了示巴和底但。底但的子孙是亚书利族、利都是族和利乌米族。米甸的儿子是以法、以弗、哈诺、亚比大和以勒大。这都是基土拉的子孙。
> （25章1-4节）

撒拉去世后，亚伯拉罕娶了基土拉为妻。而他百岁得的儿子以撒四十岁，也已成家娶妻，可知亚伯拉罕当时的年岁已过了一百四十岁。

亚伯拉罕已有两个儿子，是神所恩赐的应许之子以撒和他从夏甲所生的以实玛利。在此我们可以发现一个重要的事实：亚伯拉罕九十九岁时神应许赐他儿子的时候，他的身体已没有生育的指望，但他一百四十岁过后竟然一连又生了六个儿子。

这说明在信上得以完全的亚伯拉罕末年返老回春，身体更加强健，得享幸福的生活。亚伯拉罕从基土拉所生的六个儿子，虽不属于亚伯拉罕的正统世系，但他们的后裔分别形成种族邦国，成为神耕作人类历史的一部分。

神早在呼召亚伯拉罕的时候，向他应许说："我必叫你成为大国。我必赐福给你，叫你的名为大，你也要叫别人得福。为你祝福的，我必赐福与他；那咒诅你的，我必咒诅他。地上的万族都要因你得福。"（创世记12章2-3节）

照神的应许成为"信心之父"、"万福之源"的亚伯拉罕，得享灵魂兴盛、资财丰盛、健康长寿、子孙满堂等一切美福。

神通过传承正统世系的以撒的后裔成就以色列民族，并藉着他们开辟了地上万族蒙恩得福之途径。两千多年前以亚伯拉罕和大卫的子孙降世为人的耶稣，用十字架的大爱，为全人类敞开了拯救的大门。

且使以撒以外的其他众子也形成多个种族。以实玛利和基土拉的子孙后来成为阿拉伯民族。随着时间的推移，他们彼此混杂。以赛亚书60章所提及的米甸、以法和示巴人就是基土拉的子孙，基达和尼拜是以实玛利的子孙。

2.承继亚伯拉罕正统世系的以撒

> 亚伯拉罕将一切所有的都给了以撒。亚伯拉罕把财物分给他庶出的众子，趁着自己还在世的时候，打发他们离开他的

儿子以撒，往东方去。(25章5-6节)

亚伯拉罕知道自己离世的日期近了，便照神的旨意把所有的遗产都给了以撒，又把财物分给其他儿子们，趁着自己还在世的时候，打发这些庶出的众子分家独立，离开他的儿子以撒。

那么，亚伯拉罕为何这样行呢？是要叫神在以撒身上的旨意不因其他众子而受到任何干扰。从表面上看，这似乎跟以前撒拉打发以实玛利离开以撒的情形相似，而实非如此。

撒拉当时打发以实玛利远离以撒是出于肉体的意念：恐怕以实玛利阻挠以撒继承正统世系，还担心以实玛利加害于以撒。

而亚伯拉罕在暮年打发庶出的众子离开以撒迁居东方，不是因着肉体的意念或者世上的思虑。亚伯拉罕深知神要通过以撒来成就祂的选民，就是按神的旨意传承正统世系的族群。

除了应许之子以撒以外，其他儿子都不在神传承正统世系的旨意中。除了以撒的后裔以外，其他众子的后裔，将会随着岁月的更替而渐渐远离神恩，最终落得与神隔绝的地步。

儿子们在亚伯拉罕的怀里时，懂得敬畏神，活在神的旨意中，但他死后，敬畏神的心会渐渐衰退，离神越来越远。

亚伯拉罕若是体贴肉体的私情，不忍心打发他们远去，结局会如何？儿子们都在身边看似美好，但将来那些庶出后裔可能会影响以撒后裔的正统性。即使以撒的后裔力求保持其纯正，但与那些渐渐与神隔绝的庶出子孙同居，难免受其种种熏染。

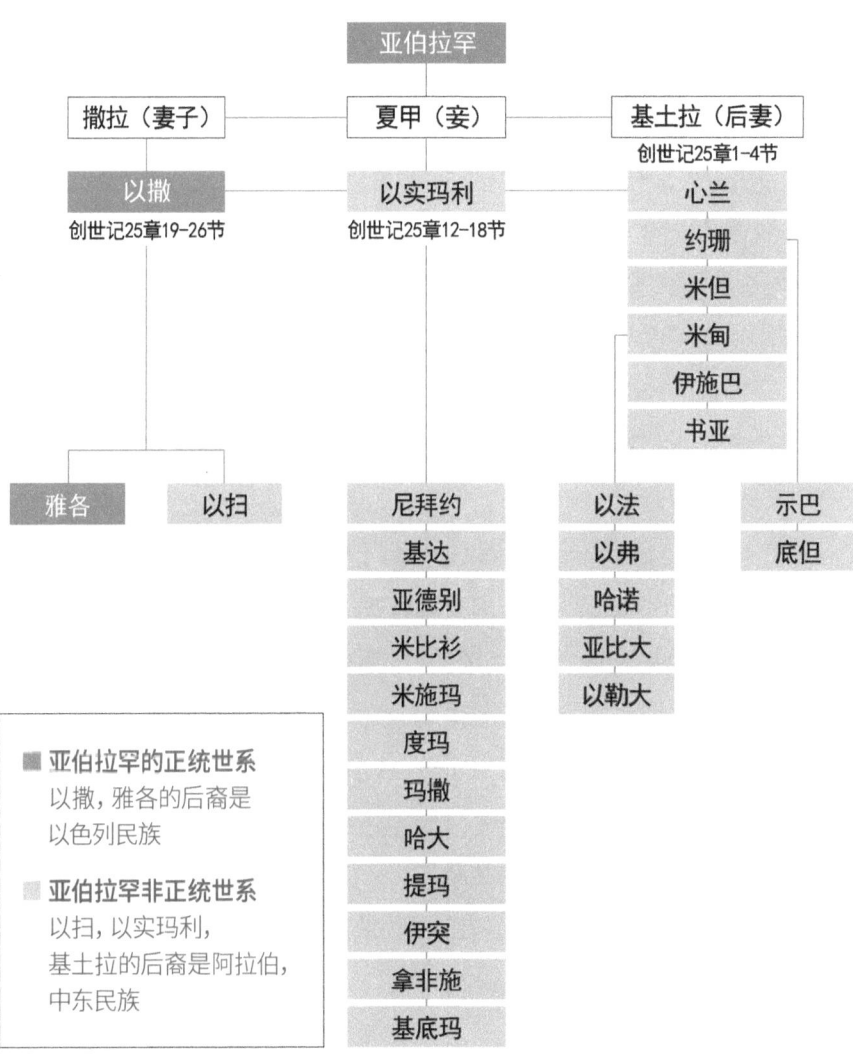

那么，神藉着以撒传承亚伯拉罕正统世系的根本原因是什么？为了使他们敬畏神的心和侍奉神的心代代相传。以撒的后裔若是受那些偏离传统的众子和其子孙的影响，敬神和侍奉神的心也会渐渐变质。于是亚伯拉罕决定使他们彼此分居。因为肉与灵是不能相交的（哥林多后书6章14节）。

亚伯拉罕深明神远大的旨意，便不为私欲所牵引，预先分财物给其他儿子们，使他们能以独立发展自己的家业。

但亚伯拉罕并没有把以撒和其他众子差别对待。按当时的风俗，将全部财产留给传承正统世系的儿子是理所当然的。但亚伯拉罕给其他儿子也分给一定的财物，使他们能够用以安家立业。

以撒以外的其他众子，并非表明他们注定会偏离传统。只是预知他们和其后裔将如何变质、败坏，便感动亚伯拉罕打发他们离开父家。不过他们虽不能列入正统世系，但若遵照父亲亚伯拉罕的教训，敬畏神，专心服侍神，结局会如何呢？

神不会因他们是未被拣选的，就排挤在外，而会因他们的信心和美行，为他们敞开救恩之门，使他们生命中满有神的恩福。他们不蒙神祝福的原因不在于没被选上，而在于他们的心志行为不相称。

神不像独裁者那样凡事独断专行。祂是公平的，把机会留给所有的人，叫人按自己的意志作出自由的选择。人不蒙神的恩典，是因为不肯把握所赐的机会。

3. 亚伯拉罕的命终与殡葬

> 亚伯拉罕一生的年日是一百七十五岁。亚伯拉罕寿高年迈，气绝而死，归到他列祖（原文作"本民"）那里。他两个儿子以撒、以实玛利把他埋葬在麦比拉洞里。这洞在幔利前、赫人琐辖的儿子以弗仑的田中，就是亚伯拉罕向赫人买的那块田。亚伯拉罕和他妻子撒拉都葬在那里。亚伯拉罕死了以后，神赐福给他的儿子以撒。以撒靠近庇耳拉海莱居住。
> （25章7-11节）

在地得享一切美福的亚伯拉罕，走到人生终点，寿高年迈，气绝而死，享年一百七十五岁。他身无病苦，精神气力也没有衰败，而常享灵魂兴盛之人所蒙的"身体健壮"的福分。只是离世的时候已到，按着定命经历了死亡。

信心之父亚伯拉罕在安详中离世。神使他精气耗尽，在平安中过度。他生平以爱神为至上，又蒙神的厚爱，因而直至生命的最后一刻，常享所赐的平安。

从蒙神呼召到被誉为信心之父，直至生命的最后一刻，亚伯拉罕在神面前活出绝对、完全的顺从，因而蒙神随时的引导，使神的旨意完满地成就在他的身上。

亚伯拉罕得知自己离世的日期近了，不是因自己的气力衰退，而是在心里受神的感动。亚伯拉罕便得以提前料理自己的后事，存着喜乐和感恩之心迎接死亡。怀抱着完成地上一切使命的欣慰感和对父神殷切的思念，挥别了他完满的一生。

按着公义说，亚伯拉罕活出了无可指摘、纯全完备的信心之榜样。他生平专心信靠顺从神，与其信心之父的美誉十分相称，成为耕作人类的历史上最为璀璨的果子。

心灵意念深相契合，常相分享同在之乐，亲密无间无有隐私。生平若有这样的知心挚友，会是多么幸福美好！亚伯拉罕深悟父神的心意，常与神进行深层交通，得称为神的朋友。有了这样的朋友，神心岂能不慰？

成为在耕作人类的漫长岁月中承受无数伤痛的父神最大的欣喜和宽慰，亚伯拉罕当此无疑。

以撒和以实玛利把父亲亚伯拉罕安葬在母亲撒拉的坟地麦比拉洞。亚伯拉罕死了以后，神赐福给他的儿子以撒。从此继承亚伯拉罕正统家族世系的以撒之鼎盛时期便拉开了帷幕。

拓展分享八

得进天国至美圣城新耶路撒冷的亚伯拉罕

信心的大小决定我们将来在天上所得为业的住处。内里成圣，在全家尽忠的人就可以得进神宝座所在的至美圣城新耶路撒冷。

启示录21章记述新耶路撒冷的状貌：那是一座明亮如水晶，神的荣光普照的荣美圣城。对写着以色列十二支派名字的十二珍珠门，刻有主十二门徒名字的十二根基，乃至新耶路撒冷城的面积和城墙规模等作出了具体的描述。

新耶路撒冷城的规模和其富丽堂皇超乎我们所思所想。眼中满是用璀璨的宝石和精金修饰的华美建筑。圣城中央有神的宝座，生命水的河从这里发源。神的宝座周围安置着以利亚、以诺、亚伯拉罕、摩西、使徒保罗等得神称许的神人先知们和以爱主为至上的抹大拉的马利亚和童贞女马利亚的住处。

写有"我心爱的朋友"字句的亚伯拉罕在天的住房

亚伯拉罕先知的城是以萦绕着蓝色光辉的精金所修饰。城的规模宏大，呈圆形，城中殿宇的金黄色穹顶下端写有"我心爱的朋友"的字句。开启城门，投射出城中的美妙光辉，传来鸟儿婉转的啼叫声，扑来花儿怡人的馨香之气。

城墙上记录着亚伯拉罕的生平，宛如一幅精美的诗篇。开启正门望见宽阔的宴会场，天棚挂着华美的枝形吊灯。一眼望去，这些枝形吊灯在壮阔宏伟的厅堂中显得像一颗颗闪烁的星星。

按人模成神的心，得成圣洁的程度，在天上获得相应的属灵地位名次。就是善的深度，爱的分量，灵光的强度决定各人在天上的尊荣地位。合理公平，人人信服，况且各人心里毫无邪恶，大家都甘心顺服属灵的次序。

虽然同处一个空间，人们可以感知彼此灵性的差异，自然就打心底里尊敬和爱戴那些位分高的人。我们若要永居在神的宝座近处，务要全然模成神的心。

在白色大宝座审判时亚伯拉罕在信上辅助神

根据创世记12章以下的内容，我们可以得知亚伯拉罕蒙神呼召后自洁成圣，造就了水晶般明净的善美心灵。他凭着诚心活出了完全的信与顺从，在地厚蒙所赐的福分，成为万福之源，又得称为神的朋友（雅各书2章23节），在天得着极高的尊荣地位。

白色大宝座审判时，圣父作审判长，圣子和圣灵站在人的立场，维护判决的公平公正。主道成肉身，降世为人，曾亲历人的生活，圣灵参透并体恤人的心。

大审判不是由此告终，还有核实的程序，由全然成圣，得神肯定的众神人作辅助陪审。他们是不用受审判的，因为在大审判前他们已经得了所赐的尊荣，又换上了完全的灵体。他们在神的宝座周围，辅助神的审判。

未经历死亡而被提升天的以利亚和以诺，堪称神耕作人类工程所结最上等的果子，这本身就可以作为一个审判众人的标准。亚伯拉罕从信心的层面，摩西则从律法的层面，为接受审判的灵魂见证他们是如何遵行神的话，作为参考，以辅助神的大审判。

信心之父亚伯拉罕的告白

"父啊,您是一切的元始,纯全的开端,
您的作为完全,您是万有的主宰,
我的父,耶和华我的神,向您献上我的赞美。"

我虽卑微渺小,您却看为宝贵,
您造了我,用那元本的大能造就了我,把我珍藏您的恩怀,
造就我完全,赐我丰富的应许,
信守一切的约言,我的父,我的神,
将荣耀归于您的名。

我虽算不了什么,
父却爱我,拣选我,
向我显明您永能、奇妙的作为,
愿您的荣耀显于世界之上。

父啊,向您献上感恩。

我的嘴唇赞美我的父
颂赞与荣耀全都归于父面前,
藉着这儿子、这卑微渺小的人,
全然成就耶和华我的神那美好的旨意。

神的朋友亚伯拉罕的告白

"我的所为,我的心志,
没有一样不出于父的恩助!

望着夜空闪烁的繁星点点,
想起我父立定的约言;
望着那颗橡树伫立依然,
想起我父立定的约言;
望着远处依稀模糊的廓影,
父的形像浮现在脑海。

那映入眼帘的景象,
我不愿错过每一个画面;
父施恩的手,
父温暖的爱,我执着地追寻期待。

献爱子为燔祭,
由此更悟父的深爱,
更悟父对我的信任,
泪水湿润我双眼。

时常记念我这儿子,
惟有赐福的意念,父的爱

激励我成长,如今得誉为信心之父。

在地上的生命,因父而幸福美满,
这世代谁像我这样有福?
向父献上我感恩之心,
向我亲爱的父!"

亚伯拉罕得进天国后的告白

"父的作为何等伟大,父的心宇何等广博!
父的荣光绚烂夺目,难以言说。
父的慈爱,在儿子的心中涌渤。"

何以言说我心中的喜乐,
何以传述我心中的感动,
我的父何等伟大,何等广博!

神的朋友亚伯拉罕
Abraham, the Friend of God

在未获得乌陵出版社书面许可的情况下，不得对本书的内容进行制本、复印、电子传送等。

本书所引圣经经文取自《现代标点和合本》

作　　者:	李载禄
编　　辑:	宾锦善
设　　计:	乌陵出版社设计组
发　　行:	乌陵出版社（发行人: 宾圣男）
印　　刷:	Prione
出版日期:	2015年10月初版（韩国，乌陵出版社，韩国语） 2019年 6月初版（韩国，乌陵出版社）

Copyright © 2019 李载禄博士
ISBN 979-11-263-0492-9 04230
ISBN 979-11-263-0406-6 (set)
Translation Copyright © 2019 郑求英博士

问 讯 处: 乌陵出版社
电　　话: 82-2-837-7632 ／ 82-70-8240-2072
传　　真: 82-2-869-1537

"乌陵"是旧约时代大祭司为了求问神的旨意放在决断胸牌里使用的器物之一，希伯来语意为"光"（出28:30）

www.ingramcontent.com/pod-product-compliance
Lightning Source LLC
LaVergne TN
LVHW041801060526
838201LV00046B/1088